Feedback
(and Other Dirty Words)

フィードバック の真価

職場に信頼を
生み出し
共に成長する

タムラ・チャンドラー & L.グレーリッシュ【著】

佐野シヴァリエ 有香【訳】
株式会社ヒューマンバリュー

Why We Fear it, How to Fix it

HUMAN VALUE

目次

訳者まえがき

フィードバックの本来の力

　皆さんには、これまでの人生の中で、人から言われて今も心に残っている言葉、その後の人生に大きな影響を与えてくれたと感じる言葉はあるでしょうか。これまで出会ってきたたくさんの人々との交流から、1つや2つ、そうした言葉や語り掛けてくれた人の顔を思い出すことができるのではないでしょうか。

　本書のまえがきを執筆するにあたって、私にもいくつか思い浮かぶ言葉がありました。中でも、米国留学中に出会った、Colman McCarthy 先生の言葉は、今でもよく思い出します。先生は、世界中の平和に寄与した人物の活動を通して、平和とは何かについて学ぶ「平和学」の担当講師でした。学期末最後の課題として「自分について」のレポートを書くことになり、私はそれまで自分が向き合ってきた困難や家族のこと、留学を決めた理由、今後のありたい姿について、率直な言葉で綴ったレポートを書き上げました。最終講義の日、返却されたレポートには、私がこれまで歩んできた過去を肯定し、拙い努力を認め、私の将来を心から応援してくれる先生の言葉が記されていました。そして、最後には「A」の評価。

　他の人が聞いても大したことのないように思えるかもしれませんが、私にとっては、このとき、先生の言葉があったからこそ、何にも自信がもてなかった過去の自分を肯定し、前進することができるきっかけとなったように思いま

す。頂いた「A」評価も、私のレポートが特別素晴らしかったわけではないと思うのですが、先生と数カ月間ご一緒する中で、当時の私が自信をもって前進するために必要なポジティブ・フィードバックの1つだと感じてくださったのかもしれません。良い評価を頂いたことより、先生からのフィードバックの言葉が私にとって大きな意味をもちました。また、先生は、ガンジーやキング牧師をはじめとする著名な人物から、地元ワシントン D.C. で貧困世帯の子ども支援に奔走する無名の人物まで取り上げるような方でした。そうした、必ずしも目立った発言や活躍がなくても、一人ひとりの中にある素晴らしさを信じ、育んでいこうとする先生の一貫した姿勢や働きかけによって、今度は私自身が勇気づけられる経験となりました。それは、人・組織に関わるお仕事に携わる、今の私が大切にしていることにもつながっていると思えてなりません。

　今回、本書の翻訳に取り組む中で、「フィードバック」とは本来、受け手自身が自らの力に気づき、心から願う未来に向けて成長し、進歩していくことを支援するために、提供されるべきものなのだということに気づかされました。上手なフィードバックの伝え方や、部下との話し方について書かれた書籍は、これまでも多数出版されていると思います。そんな中でも、本書の一番の特徴は、フィードバックという言葉から従来抱きがちな、「耳の痛い内容もはっきりと伝えること」「改善点を指摘すること」「受け手を脅かしてしまうもの」といったイメージを手放し、相手を勇気づけ、励まし、相手がもっている可能性を最大化するような、人の言葉がもつ本来の力に着目することで、新しいフィードバックや職場での対話のあり方について考察していることだといえるかもしれません。

ビジネスを取り囲む環境の変化

　近年、そうしたフィードバックへの注目度がこれまで以上に高まっています。その背景には何があるのでしょうか。1つには、私たちが置かれている環境が大きく変わってきていることが影響していると考えられます。VUCA という言葉が広く使われ始めてしばらく経ち、Covid-19 のパンデミックによって、それを身近に感じた人も多かったと思いますが、今私たちが生きる世界は、目

まぐるしく物事が変化し、少し先の未来も予測不可能な時代といえます。そうした時代においては、最初からうまくいく方法を見出しづらく、曖昧性の中で試行錯誤を繰り返しながら変化に適応していくアプローチが求められています。ビジネスの世界でも、変化のスピードが加速化していることから、アジリティ（素早く失敗して、素早く学ぶ俊敏性）や、レジリエンス（困難にもしなやかに向き合える回復力）といった言葉が多く聞かれるようになりました。こうした力を高めるためにも、小さくてもより頻繁に学習サイクルを回せるよう、従来とは違ったフィードバックの形が求められるようになってきているといえるでしょう。

　また近年、脳科学の研究が発展してきたことによって、組織のパフォーマンス向上や人材育成といった複雑な要因が絡み合う分野においても、今までわからなかったようなことが少しずつ明らかになってきていることも挙げられます。具体的には、人間の脳の働きを調べることによって、何が恐れを生むのか、恐れによって人のパフォーマンスや成長にどんな弊害が起こるのかといったことが明らかになってきています。特に、本書の中でも紹介されているキャロル・ドゥエック博士の提唱したグロース・マインドセット（人は学び、成長できるという考え）とフィックスト・マインドセット（人の能力は努力しても変わらないという考え）は、広く活用されるようになったコンセプトといえるでしょう。現在では、働く人々の中にグロース・マインドセットを育み、成長を促すことを中心テーマとして、人材育成や組織のカルチャー変革に取り組む企業も多数見られます。そして、フィードバックの場面においても、恐れや不安をかき立てる要素をできるだけ減らし、よりグロース・マインドセットを高め、相手の成長を支援する働きかけが求められるようになってきています。

　こうしたグロース・マインドセットを人々の中に醸成し、アジリティやレジリエンスを高めて変化に適応していくための1つの重要なアプローチとして、今、フィードバックに注目が集まっているといえます。

成長を支援するフィードバック

　そうした動きと並行して、2010年代から多くの企業や組織において、パフォー

マンス・マネジメントの変革が行われ、その中でフィードバックのあり方が見直されるようになったことも特筆すべき点です。働く人々の成長や内発的動機付けを阻害する要因を排除し、グロース・マインドセットを促進するため、レイティング（評価段階付け）や従業員を正規分布に当てはめる相対評価を廃止するなど、大々的な制度改革を行う企業が増加し、話題になりました。従来型のパフォーマンス・マネジメントでは、年に一度の評価面談が主なフィードバックの場となることが多く、そうした場面では、その年のパフォーマンスに対する「評価」と、成長を促すための「フィードバック」が混同され、さらなる恐れを生む要因となってしまいがちでした。フィックスト・マインドセットを助長しがちであった、これまでのパフォーマンス・マネジメントの仕組み自体を、組織における心理的安全性を高め、組織全体でグロース・マインドセットを育める形に変えていこうとするのが、このパフォーマンス・マネジメント革新の流れの中心にあります。

　その流れの中で、組織のグロース・マインドセットを育み、従業員一人ひとりの成長を支援するために、レイティングや相対評価といった、従来人々のモチベーションや成長にブレーキをかけてきた古い慣習を取り払うことだけでは不十分であり、職場での、特に上司・部下間の頻繁で豊かなカンバセーションによって後押しすることが重要であることも、先立って変革に取り組んできた組織の教訓から明らかになっています。目標設定や評価結果を伝える面談以外にも、1 on 1 ミーティングやチェックイン、タッチポイントといわれるような、日常の中での頻繁なカンバセーションが、多くの組織で推奨・仕組み化されるようになってきました。そして、頻繁なカンバセーションを通して成長を支援する 1 つの軸となるものが、質の高いフィードバックになります。

　では、成長につながる質の高いフィードバックとは、どのようなものでしょうか。個人が成長するためには、他者の視点を通して自らを客観的に見つめ、障害となっている課題を改善していくことが重要です。そうした意味で、フィードバックとは、これまで気づかなかったような視点から自分を見つめ、成長を促すために、他者から受け取る大切な情報となります。どんなハイ・パフォーマーでも、改善する点がない人はいないのですから、客観的な事実と共に、改善のためのフィードバックをすることが、本人の成長やビジネス成果を生み出す上で大切な要素となります。

　一方で、本書を読み進めてみると、質の高いフィードバックとは、必ずしも

本人には見えていなかった改善点を指摘するだけではないということに気づかされます。著者のチャンドラー氏の言葉にも「Your business will only rise to the level of your people（ビジネスというのは、そこに携わる人々のレベルまでしか成長しない）」というものがありますが、実際に組織が持続的に成長を続けていくには、関わる人々のモチベーション、エンゲージメントといった、より内的な要因にも目を向けることが大切になってきています。そのためには、過去の仕事ぶりについての評価や改善点の指摘ばかりでは十分でなく、本人が実現したいと思える未来を描き、そこに向かって成長していける方法を共に探求していくような対話が鍵となることを、著者のこの言葉からも感じることができます。つまり、周りからの評価や失敗を恐れることなく、しなやかに成長していくことを支援できるような、そんなフィードバックが今求められているともいえるかもしれません。

フィードバックがコラボレーションを生み出す

　フィードバックを個人の成長を促すツールとして捉えるだけではなく、チームの視点で捉えるということも大切になっています。未来の不確実性が高く、唯一無二の正解を見通せることが少なくなっている中で、少数のハイ・パフォーマーに頼る成果の出し方は機能しづらくなってきています。また、地理的に離れた場所で働くバーチャル・チームや、部署間を超えて連携するクロス・ファンクショナルチームといった、チームの在り方や人々の働き方が変化する中で、マネジャーが全メンバーの仕事を管理・統率すること自体が難しくなっています。

　そのような中では、メンバーが多様な視点や意見を持ち寄り、チームで価値を創造していくことの重要性が語られるようになってきています。チーム内で創発やコラボレーションを起こしていくためには、チームとしてのゴールや生み出したい価値を設定し、それぞれがもっている多様な情報を共有し、それぞれの強みを生かし合う力を育んでいくことが必要です。これをフィードバックという文脈で捉え直してみると、相手に客観的正解を押し付けるのではなく、役職や権威を手放し、ゴールへの向かい方を共に探求したり、成長を支援し合

うことで、チームとして生み出す価値を高めていく力を育んでいく必要があるのではないでしょうか。そのためには、一人ひとりが成長途上である自分自身や仲間を受け入れ、グロース・マインドセットなフィードバック文化を組織内に醸成していくことが効果的であると考えられています。

フィードバックの取り組みを通して、実現したい世界

　著者らが前作である『How Performance Management Is Killing Performance and What to Do About It』（邦題『時代遅れの人事評価制度を刷新する』）から一貫して大切にしているのは、働く人々が仲間と共に成長し、コラボレーションを通して価値を生み出す組織をつくるというものです。そして、その障害となっているもの（たとえば、従来型のパフォーマンス・マネジメントやフィードバック）を中心に変えていくことで、目指す世界を実現するための発信や実践を重ねています。実際に、筆者らがこのムーブメントを成功させた先に見ている世界こそが、私たちヒューマンバリューが共感し、この書籍の発刊に至った理由でもあります。

　以下の写真は、2019年に著者であるチャンドラー氏、グレーリッシュ氏にお会いした際の記念として、プレゼントしていただいた原書です。サインと共に、『More power to you as you bring more human processes to Japan（日本でより人間らしいプロセスを生み出すあなたにパワーを）』というメッセージが添えられていました。チャンドラー氏とは、氏の前作を日本で翻訳・出版したときから交流を重ねていますが、コンサルタントとして、そして人としての哲学に大変共感するところが多くあります。この言葉からも、人が職場でもありのままの自分でいることができ、自らの可能性に気づき、成長できたときに生まれる力や、それぞれの強み・多様性を持ち寄り、それらを最大限に生かし合えたときの価値創造の力を信じる著者らの姿を感じることができるように思います。特に、本書の所々に散りばめられている、チャンドラー氏のパーソナル・ストーリーには、自身が経験を通して内省し、時には失敗に落胆しながらも、自らが大切にしている価値観を明確化し、人として、リーダーとして成長し続けている姿を、飾らない言葉で描かれているところも印象的です。ぜひ

フィードバック・ムーブメントの先に著者らが実現したい組織や働く人々のあり方にも、思いを馳せながら読み進めていただけたらと思います。

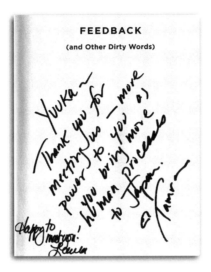

<チャンドラー氏から頂いたメッセージ>

そして、この本を手に取ったあなたが、フィードバックに取り組む先に目指している世界はどんなものでしょうか？　ここで少し立ち止まり、皆さんが実現したい職場や組織像をイメージしてから、先に進んでみてはいかがでしょうか。

はじめに

まだやるべきことがあります

　フィードバックに関して、誰もが認める事実があります。それは、多国籍企業、スポーツチーム、中小企業、ロックバンド、NPO の理事会、手芸クラブなど、どんな組織であろうと、フィードバックがうまくいった試しがないということです。フィードバックの荒波をうまく乗り切れる人もまれに存在はしますが、全体としてみると、広い海を漂流している状態の組織がほとんどではないでしょうか。

　多くの人がフィードバックに悩みを抱えているということに最初に気がついたのは、ここ数年間、パフォーマンス・マネジメントをテーマとしたコンサルティングを行っている最中でした。2016 年に、私の初作である『How Performance Management Is Killing Performance - and What to Do About It』(邦題『時代遅れの人事評価制度を刷新する』) が出版され、そのコンセプトを実践すべく、私はピープル・ファーム社 (PeopleFirm) のメンバーと共に、グローバル企業から中小企業、NGO に至るまで、数十の組織において、パフォーマンス・マネジメントを革新する取り組みを行ってきました。これは、時代遅れで、評判が悪い、従来のパフォーマンス・マネジメントのアプローチやプロセスを現代的なものにしていく営みでした。同じ取り組みは 1 つとしてありませんでしたが、何度も実践してきたやり方はいくつかあります。

　その中で最も多かったのは、組織内外で行われるフィードバックの強化を主眼とした取り組みでした。中でも、従来のように上司から部下に対して行われ

るフィードバックではなく、肩書きや役職にとらわれず対等な仲間として、チーム間や個人間で行うことで、成長を促すフィードバックの力を組織的に養うやり方が、最も効果的でした。

　リーダーは、頻繁で、オープンに、率直で、役に立つフィードバックを組織内で実践できるようになることを、重要な目標として掲げはしますが、実際に、頻繁に、かつ明確なフィードバックが行われるような取り組みへと動き出そうとすると、繰り返し聞かれる言葉はこうです。「フィードバックがうまくできるメンバーなんていません。まだそこに取り組む準備ができていないと感じます。やり方がわからないし、自信がありません。マネジャーもそんなレベルではないし、フィードバックを奨励するカルチャーもないのですから。今フィードバックを実践してみても、相手を傷つけてしまう人がたくさんいるでしょう。本来の目的で活用できないと思います。絶対に」といった具合です。

　この、悲しくも想定通りの反応こそが、フィードバックに対するアプローチの仕方を今度こそ皆で変えていくのだと、私が決意した理由であることに間違いありません。心理的に安全な環境で、従業員やチームが活躍し、成長し、最高の仕事ができるような組織カルチャーをつくるには、いよいよこの魔物を攻略しなければなりません。そして、これほど多くの人がフィードバックの壁にぶつかっているのであれば、皆で共に立ち向かう必要があるはずです。この変革を成し遂げるために、スキルを身につけたり、心の準備をしたりすることもできますが、まずは、私たちを阻んでいるものは何で、それを乗り越える方法としてどのようにしたらよいかについて理解する必要があるでしょう。そのため、ここではフィードバックを新たに定義し直すと共に、原理原則を整理し、日常で実践できるようなモデルやツールをご紹介しています。さあ、恐怖心に別れを告げて、フィードバックが人を傷つけるものではなく、我々の成長を支えるものとして活用される世界に向かって歩みを進めましょう。新しいフィードバックのあり方に皆で合意し、フィードバックを蝕んでいるものを取り除くような、効果が持続する処方箋を生み出せる世界へ。

人間関係の専門家ではありません。

パフォーマンス・マネジメントに時間をどっぷり費やしてきたことで、フィードバックに関する重要なメッセージについて本を書くことになりました。何週間もかけて、アイデアを出しながら書籍の概要を考えた後、共著者であるローラ・グレーリッシュ（Laura Grealish）と共に素晴らしい企画書を書き上げて出版社に送りました。一般的な企画書では、その本を届けたいと思う想定読者層を決め、販促の対象を絞り込むものですが、出版社であるベレット・コーラー社（Berrett-Koehler）に私たちが最初に提出した企画書には、この本はすべての人を対象読者にしていると記載しました。ビジネスにおいても、また学校や家族とのコミュニケーションにも応用できると。フィードバックはどんなところにも存在する普遍的なテーマであり、皆の悩みの種であるのだから、当然すべての人を対象にするのがよいだろうと考えたのです。

しかし、出版社に企画が採用され、いざ執筆作業に向き合ってみると、この本で扱っているテーマやヒントは、いつでも、どんな人同士のコミュニケーションにも活用できますが、母親や兄弟、配偶者や思春期の娘との関係性を改善するためにこの本を書いているのではないということに、あらためて気がつきました。私が目指しているのは、組織やそこで働く人々が、これまで以上に素晴らしく、強く、楽しく働くことができるよう支援することであり、それは変わることがありません。それが、私が情熱を注ぐ仕事であり、私の人生であり、私がここに存在している理由なのです。執筆を始めてから数日経ったころ、唐突にそのことに気がつき、ローラにも伝えました。そうして、この本はビジネス書、具体的にはより良いフィードバックによって、職場をより良い場所にすることを目的とした本にしようということが決まったのです。

その夜、私の編集者でもある夫に、そのことを伝えたところ、すぐに賛同してくれました。それも、話し始めるや否や。

「そう、それもそうだよね」と。それから少し間を置き、夫はこう続けました。「だって、君は人間関係の専門家でも何でもないんだから」。彼のもっともな言葉は、少しチクリと刺さりました。この本の編集に関わることで、彼のフィードバック・スキルが向上する余地がまだまだあることに期待しましょう。

このような舞台裏をお聞かせするのは、この本は組織のレンズを通して書かれているということを明確にしたかったからです。この本は、仕事や働く人々

に焦点を当て、職場で互いの活躍を支え合うことができるようになることを目的としています。もちろん、ここに記されているアイデアやヒントが、人生の他の場面でも応用できないわけではありません。思春期の子どもやパートナーとのコミュニケーションを改善するのに役立つようなことがあれば、それはおまけだと思ってください。ただし、この本の内容をプライベートの場面で活用する際は、私が人間関係の専門家ではないことを覚えておいてください。そのことについては、夫に聞いてみればよくわかるでしょう。

フィードバックの失敗と成功

　ビジネスというのは、そこに携わる人々のレベルまでしか成長しません。これまで、もち得る最大限の力を発揮するよう日々求められ、クライアントからも最高の仕事を要求される中でも、人が急速に成長する環境をつくり出し、維持してきた私にとって、この明快な真実こそが、物事を決める際の指針となっています。私がリーダーを務めたどんな組織でも、そこで働く人が唯一、本当の意味での資源といえます。実際に、ビジネスの成果は、組織に属する個人やチームのパフォーマンスと直接的に相関があるということなのです。もちろん、どんなビジネスにも同じことがいえますが、コンサルティングのような専門サービスの領域では、特にそうだといえるでしょう。提供するサービスに対して受け取る金額や受注する案件、クライアントがどれほど我々に信頼を寄せてくれているか、そして我々が提供するサポートの質。これらは完全に働く人の能力や強みにかかっているからです。

　では、そうしたこととフィードバックは、どのような関係があるのでしょうか。有効なフィードバックやコーチングがなくては、人は成長することも、活躍することもできません。働く人が活躍できないということは、ビジネスの成功もないのです。素晴らしいコンサルタントたちを育て上げ、たくさんの組織を成功に導いてきた私であれば、フィードバックの女王となれるはずですよね。

　しかし残念ながら、そううまくはいきません。まずは私から、素直に告白することにします。私自身もまだまだ成長の余地がありますし、ピープル・ファーム社においても、オープンで率直なフィードバック・カルチャーをつくるという、

自分たちが目指そうとしている目標に対してうまくいかないことも多々あります。フィードバックを失敗した経験と、私自身が人や組織を成功に導いてきた経験の両方を理解しようと、私は自分自身のフィードバックの経験やそれに対する考えを探求してきました。そうした中で得られた気づきは、この本の中のアイデアだけにとどまらず、日々自分自身やチームのみんなが、仕事の中で行っている習慣や実践の中にも息づいています。

　ではここで、この書籍を一貫して流れる確固たる考え方を紹介したいと思います。

　フィードバックについて私たちが抱いている信念や考えは、長い間私たち自身の経験によって歪められており、不正確かつ非生産的です。

　　» 今こそ、昔から私たちを惑わせてきたフィードバックに対する誤解から解放されるときです。そして、現代に通用するフィードバックの新しい定義を取り入れましょう。

　　» フィードバックに対する人間の反応を科学的に理解することで、新しく、より効果的なやり方にシフトすることが促されるでしょう。

　本のタイトル（Why We Fear It, How To Fix It）にもある通り、恐怖心を乗り越え、フィードバックのイメージを変えていく方法は存在します。

　　» そのためには、フィードバックに関する誤解を解くことに皆で取り組むムーブメントが必要です。

　　» シンプルなアイデアや会話の組み立て方、ヒントやコツを使って、個人としても集団としても、フィードバックの力がより鍛えられるでしょう。

　個人やチームが活躍し、成長し、そして最高のパフォーマンスを発揮するためには、まず信頼を築くところから始めなければなりません。

　　» 信頼とは、思いやりや支え合いといった人と人とのつながりを通して、「仲間である」という強いメッセージを送り合うことによって、時間をかけて培われます。

　　» 信頼とは一朝一夕には生まれません。日々の会話や意思決定、行動のあり方を通して育てていく、継続的なプロセスのことをいいます。

この本をきっかけに、フィードバックを再定義し、生まれ変わらせるムーブメントに、あなたも加わってくださることを願っています。共に取り組めば、よりつながりを感じ、わくわくするような職場をつくっていく力が、私たちにはあるのです。そして、それが実現すれば、個人として、組織として、どれほどの成果を生み出すことができるのか、考えてみてください。フィードバックがNGワードでなくなったとき、私たちはどれほど幸せになることでしょう。

F##DB@CK!

第1章

ブランディングの失敗

　もし、マーケティング・チームが「フィードバック」のブランディングについて評価するとしたら、おそらく良いスコアは期待できないでしょう。これは、皆さんにとってもさほど驚くことではないと思います。なぜなら、人類は何世紀にもわたってフィードバックをうまく使いこなせずにきたのですから。フィードバックについて、私たちがひどい経験を重ねるたびに、その汚名に磨きがかかってしまったのです。きっと皆さんにも次のような心当たりがあることでしょう。誰かに罰を与えたり、見世物にしたり、説き伏せるためにフィードバックを使った経験が。長い間言いたいことをため込んだ後、突然膨大なフィードバックの雨を降らせてメンバーを驚かせてしまったことが。自らのバイアスによって視野を曇らせてしまったことが。明らかにフィードバックに適さない場やタイミングでも、無理やり強要したことが。ある人に対する文句を誰かに伝えたことがまた別の誰かに伝わり、最終的に本人に伝わってしまったことが。残酷でも率直なほうが効果的だとか、オブラートに包んでも相手に伝わると勘違いをしてしまったことが。うまくいかなかったことやできなかった人をはっきりさせることだけが、フィードバックだと考えたことが……。

　また、問題はフィードバックをする側だけにあるわけではありません。フィードバックをされる側になったとき、防衛的になって突っ掛かった態度を取ってしまう人は少なくありません。事実を並べて反論したり、「フィードバックする側が悪い」と問題をすり替えたり、怒って立ち去ってしまったりすることも

あります。もしかしたら、静かに聞いているふりをしながら、心を閉ざすこともあるかもしれません。最悪なのは、フィードバックにまったく耳を貸さないことです。

　では、「このプロジェクトのマネジメントをうまくやれているだろうか」「今朝のミーティングの進行は、もっとうまくやれたかもしれない」などともやもやしているとき、自らフィードバックを求めることは、どれくらいあるでしょうか。自ら求めるのではなく、誰かがフィードバックをくれるのをじっと待っている人がほとんどではないでしょうか。

　フィードバックのブランディングの失敗の根底には、フィードバックに対する私たちの考え方や経験が大きく影響しています。今こそ、これまで形成してきた習慣や取り入れてきたアプローチを振り返り、フィードバックについてのイメージを再考する良いタイミングではないでしょうか。これほど多くの人が過去の体験からフィードバックに対して苦い思いを抱いているのですから、フィードバックを取り巻くカルチャーにも問題があるのは明らかです。だとすれば、私たちがやるべきことは、そこから逃げ出すものではなく、自ら求めるものとして、フィードバックをリブランディングしていくことです。そのためには、私たちの「頭」と「心」の両方でその変化を理解する必要があります。

フィードバックに悪名を与えてしまった数々のストーリーを読んでいると、その多くは、年一度の恐ろしい評価面談の際に経験したものであるということに気づきませんか。実に多くのフィードバックの失敗が、この評価面談のときに起こってしまっているのです。私の初作では、従来的な人事評価制度における、8つの「致命的な欠陥」についてご紹介しました。そのうちの1つ、致命的な欠陥の2番目に「自分に危害を加える人に心を開く人はいない」を挙げました。適切にフィードバックを提供できないとなれば、当たり前のことですよね。さらに困ってしまうのは、期末の評価面談での苦い経験によって、翌年マネジャーとメンバーが一緒に働きづらくなってしまったり、さらには完全に関係が壊れてしまうこともあるかもしれません。フィードバックの苦い経験というのは、長い間記憶に残り続けることになります。このことについては、後にも触れたいと思います。

なぜフィードバックはブランディングに失敗したか

幼いころに身についてしまった習慣

　習慣とは、良いものも悪いものも、私たちが幼いころに周囲の人から学び、身につけるものです。手放そうと思っても、子どものころに習得した行動パターンやテクニックを大人になってももち続けている人は多いでしょう。たとえそれが、自分がされたら怒ってしまうようなことでさえ、手放すのが難しいこともあります。

　こうして幼いころに学んだことが、フィードバックに対する考え方にも影響しています。役立つ情報ではなく、攻撃手段としてフィードバックが使われているのを見たり、受けたりして、ここまで育ってきたからです。フィードバックは最悪の場合、他者批判や怒り、一方的な評価の言葉として使われてしまうことがあります。小さいころには、親、兄弟姉妹、公園のお友達から、そして、社会人になりたてのころに最悪な上司から受けるのは、こうした辛辣なフィードバック（正確には、我々がフィードバックだと思ってしまっているもの）である場合が多くあります。その結果として、フィードバックは、求められるものから、恐れを生み出すネガティブなものとして認識されるようになり、自ら求めたり、他者に提供しようとすることも少なくなってしまいます。このフィードバックに対するマイナスのイメージが根強く存在するために、良いものをさらに良くしたり、簡単な修正を促すようなフィードバックについては、「フィードバック」として認識されていないこともあるかもしれません。

　上司や先生、友人、兄弟姉妹といった人たちは、何も私たちを攻撃したかったわけではありません（兄弟姉妹についてはそうでないこともありますが…）。世間に広がる間違ったフィードバックのイメージに影響を受けていただけなのです。私が言いたいのは、つまりこうです。人間は、誰しも成長する過程で刷り込まれてしまった古いイメージをもっており、フィードバックについては、それがマイナスのイメージであることが多いのです。恐れを手放すためには、過去に学んだ習慣を忘れ、長い間染み付いたしまった間違った考えやアプローチを捨て去ることが必要となります。

何もないまま…ある日突然、いっぺんに！

　すでに申し上げたとおり、私は従来型のパフォーマンス・マネジメントが好きではありません。従来のような年1回の面談では、パフォーマンスを高めることができないだけでなく、本来のフィードバックの定義まで歪めてしまっているからです。この評価面談のおかげで、私たちは、フィードバックは人々を脅かし、対立を促し、常に隠された意図が存在する、一大イベントであると信じ込まされているのです。

　年1回の評価面談の存在によって、フィードバックとは、密室でマネジャーと向かい合って座り、（願わくば）うまくいったこと、改善が必要なこと、そして最後に、次年度の年収について話し合うことであるという、間違った考えが植え付けられてしまっています。そうした場合、マネジャーの仕事といえば、1年間のできたこと・できなかったことをきちんとカウントして記録し、時には他者との比較によって決まる給与額を提示することだと思われがちです。そうして、フィードバックは対話というよりは独り言のようになってしまい、新近効果*や評価者特異性効果**によって歪められてしまいます[1]。そのようなフィードバックを受ける際には、メンバーは心を武装して備える必要があります。また、はっきりとした上下関係を突きつけられるため、居心地の良さや、共に何かを生み出している感覚を得られることはめったにありません。面談が終わった途端、良いことは思い出せず、マネジャーが言っていた改善点は正しいのか、公正に評価されたか、自分がやってきた仕事をきちんと見てくれていたのか、そういったことばかりが頭を駆け巡るのです。長きにわたって行われてきた評価面談によって叩き込まれたこの構造が、フィードバックの悪いイメージをつくってきてしまったといえるでしょう。

　今こそ、フィードバックのイメージを刷新し、レイティング（評価段階づけ）や恐れ、一方的な決めつけのない、状況に合わせて頻繁に行われる対話として認識されるべきです。さらに、すでに多くのフィードバックを受け取っているのに、厳しい言葉がないとフィードバックではないという認識をしてしまっていることに気づくことも重要です。小さな気づきが共有されたとき、それが密室での出来事でなくても、次に話すべきことについて考えたり、記録に残すようなことをしていなくても、それはフィードバックなのです。そのようなフィードバックは、期末の評価面談のとき突然一挙に共有される情報よりも、ずっと

受け入れやすく効果的であるはずです。

フィードバックの矛盾

　驚くべきことに、フィードバックに関して最もよく聞かれる不満は、「十分なフィードバックがもらえていない」ことです。これだけ評判が悪いにもかかわらず、人は直感的に（適切に提供される）フィードバックは良いものと捉え、求めているのです。しかし、前述したようなフィードバックと認識されていないものを含めて考えてみても、多くの人がまだまだフィードバック不足に陥っています。2018年にオフィスバイブ社（Officevibe）から発表された「Global State of Employee Engagement」[2]という研究レポートでは、従業員の62％が、もっと同僚からのフィードバックが欲しいと考えており、83％の人が、良いフィードバックも悪いフィードバックも歓迎すると答えています。つまり、フィードバックに関して矛盾が生じていることがわかります。たくさんの悪しき習慣があるにもかかわらず、多くの人はもっとたくさんのフィードバックが欲しいと感じています。しかし、実際に自らフィードバックを求めたり、提供する習慣がある人はほとんどいないのです。フィードバックが始まってしまえば、他の人もフィードバックしやすくなりますが、誰かがそれを始める必要があります。その誰かがあなただったとしたら、どうしますか？

＊　過去に起きたことより、直近の出来事によって影響を受ける傾向。
＊＊他者を評価する際、その評価は実像ではなく、評価者自身の資質、価値観といった特異性・特有性に左右される。

第2章

フィードバック復興のムーブメント

宣言1：フィードバックとは良いものであるはずです。本来の意味をあらためて考えてみれば、フィードバックは悪いものであるはずがないとわかるでしょう。人としてより良くありたい、成長し、前進したいと思うなら、目指すべき方向に進めるよう、他者の視点を取り入れ、気づきを得ることが必要です。他者が自分とのやりとりをどう感じているのかに目を向けなければ、学習し、成長し続ける人生を歩むことはできないでしょう。

宣言2：フィードバックを良いものと捉えられるようにするには、現状を変える必要があります。第1章では、フィードバックについてポジティブな経験をした人が少ない理由をご紹介しました。何世紀にもわたって、私たちは互いを、または自分自身を苦しめてきた経験による痛みを感じているといえるでしょう。この流れを断ち切るには、フィードバックの中身、それを行う方法やタイミングを変えていく必要があります。フィードバックを復興させるためのムーブメントを起こしていくのです。

なぜ変革が必要なのか

準備は OK ！準備は OK ！準備は OK ！

—アニメ「スポンジ・ボブ」より

「変革への最初のステップは、その必要性を認識することである」とよくいわれますが、それは、このことが真理だからです。しかし、人というのは居心地の良い現状を抜け出すのに、腰が重くなってしまうところがあります。それゆえ、ほとんどの場合、変化に向き合おうと何かに心が突き動かされるまでは、動き出すことができないのです。

　皆さんはどうでしょうか？　変化する準備はできていますか？　第1章でフィードバックの失敗談について読んだとき、自分自身の経験を思い出して動揺したのではないでしょうか。自らフィードバックを求めることができずに終わってしまったり、良かれと思って手を差し伸べてくれた人を黙らせてしまったり、同僚とランチをしながらチームメイトについて愚痴をこぼしたり、相手に改善してほしい点をいい加減な褒め言葉で飾り立ててごまかしたり、理解しようとする前に思い込みで物事を決めつけてしまったり……。読みながら、こんな経験が思い出されたのではないでしょうか。

　でも、自分を責めることはありません。私も皆さんと同じだということを忘れないでください。私自身、この本の執筆をしたり、そのためのリサーチをしている間、自分がしたこと、言ったこと、言わなかったこと、求めなかったこと、他者に強いたことを思い出し、どれだけ自分を恥じたかわかりません。誰かに悔しい思いをさせられたり、怒りに駆られるようなことがあったとき、その相手を責めることは簡単ですが、その一方で、自分の間違いを正々堂々と認めることは、ずっと勇気のいることなのです。間違いを受け止め、そこから学び、より賢明になって先へ進むことが必要です。

　フィードバックに関して、本質的な変化を起こそうとするなら、単純にフィードバックの仕方が上手になるだけではなく、根本にある哲学を大きくシフトさせ、1つのムーブメントにしていく必要があります。皆がチームやプロジェクト、大きな目的に貢献できるようになるための情報や客観的意見を、自ら探し求められるようになる必要があるのです。マネジャーやリーダーの皆さん、そのムーブメントは、あなたたちから始まるのです。従来型フィードバックの「答え

を知っている人」「指示・命令する人」という役割に別れを告げ、探求者・学習者となりましょう。このムーブメントは、人の改善点を指摘するという恐れの世界から抜け出し、共に答えをつくり出すコラボレーションの世界へと連れて行ってくれるのです。

　この本を読み始めたことで、皆さんはすでにこのムーブメントのリーダーとなる最初の一歩を踏み出しています。ぜひ、周囲の人にも変化が必要であることを伝え、その目的（フィードバックによって傷つくのではなく、それを生かすことができる世界をつくること）を伝えてみてください。そして、共に取り組んでもらえるよう、自らが率先して行動してみてください。周囲に働きかける際には、人の「頭」と「心」の両方に訴えかける必要があるでしょう。この後のページで、周囲の人を説得するために有効な4つの論点をまとめましたので、参考にしてください。

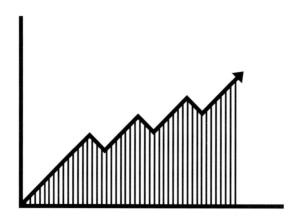

ビジネスにおける定量的かつ重要な成果

　変化の必要性は、数字からも見て取ることができます。最新の研究によれば、フィードバックの改善に取り組むと、個人や組織のパフォーマンスが高まることが明らかになっています。まずは組織レベルの研究データを見てみましょう。インスティテュート・フォー・コーポレート・パフォーマンス (Institute for Corporate Performance：i4cp) とセンター・フォー・エフェクティブ・オーガニゼーションズ (Center for Effective Organizations：CEO) は 2018 年に、「Performance Feedback Culture Drives Business Impact（仮訳：パフォーマンス・フィードバック文化がビジネスに与える影響を促進する）」という共同研究を発表しました[1]。その研究では、パフォーマンス・マネジメントの効果を高めるために活用される代表的な手法の中でも、パフォーマンス・フィードバック・カルチャー (Performance Feedback Culture：以下、PFC) を取り入れることが、最も目に見える効果につながったと述べています。また、「マネジャーが意識して効果的なパフォーマンス・フィードバックを行えるように組織全体で取り組むことで、フィードバックを促進するカルチャーが生まれ、育まれる。たとえば、トレーニング、シニア・エグゼクティブの部下への接し方、良いフィードバックの実践を認めて評価すること、そのプロセスに注目すること、パフォーマンス・フィードバックが昇進・昇格基準の 1 つであることなどを通して、定期的かつ多様なコミュニケーションが促進される」とも述べられています。実際、こういった取り組みを行うことができれば、目に見える効果が得られるこ

とでしょう。

　またこの研究では、57の米国上場企業について調査を行い、PFCのスコアが上位3分の1の企業と下位3分の1の企業を比較しました。上位3分の1の企業は、純利益率、投資利益率、総資産利益率、および自己資本利益率といった点で、下位3分の1の企業の2倍の財務成果が認められました。そして、成長志向で、継続的なフィードバックが従業員を刺激し、勇気づけ、離職率を下げる効果が最も高いということも明らかになっており、そうしたフィードバックの重要性が裏付けられています。同じ研究の中では、米国外のNPOの民間組織や政府系組織についての調査も行われており、その結果はグラスドア社（Glassdoor）のエンプロイヤー・ブランド・スコア*とも相違がありません。面白いのは、「ある変数の影響が非常に大きかった」とある部分です。その変数とは何だったのか、皆さんはわかるでしょうか。そう、それは、「相手を評価するためではなく、成長を支援するためのフィードバックを組織全体として重視しているかどうか」ということでした。

　報告書の最後は、私が長年パフォーマンス・マネジメント革新の取り組みで訴え続け、前著の核として位置づけていたコンセプトで締めくくられています。「パフォーマンス・マネジメントは、フィードバック・カルチャーが弱い組織では効果がない。ビジネスで成果を生み出すのは、成長、モチベーション、離職率といった、従業員を中心においた成果を重視したパフォーマンス・マネジメントであり、財務上の成果を重視した組織都合のパフォーマンス・マネジメントではない」

*　i4cpが調査研究「Performance Feedback Culture Drives Business Impact」（2018）の中で、グラスドア社（米国の企業口コミサイト）の評価を用いてスコア化したもの

人材面での定量的かつ重要な成果

　次に、個人レベルのデータを見てみましょう。グレッチェン・シュプライツァー（Gretchen Spreitzer）とクリスティーン・ポラス（Christine Porath）が、ロス・スクール・オブ・ビジネスのポジティブ組織学センター（Ross School of Business's Center for Positive Organizations）と共同で実施した調査[2]には、目を見張るものがあります。調査では、1200人以上の従業員にインタビューを行い、パフォーマンスや行動に関する重要な指標を評価しました。ホワイトカラーやブルーカラーを問わず、さまざまな業界の多様な人にインタビューを行った結果、優れた従業員とは「仕事に対する満足感や生産性が高いだけでなく、組織や自らの未来を切り拓くことに注力している」人であり、同僚と比べても高いパフォーマンスを生み出していることが明らかになりました。そうした人と他の同僚とを比べると、ホワイトカラーでは16％増、ブルーカラーでは27％増の高いパフォーマンスを示しています。また、健康状態も目に見えて良好で、同僚と比べて125％燃え尽き症候群に陥りにくいそうです。さらに、彼らは同僚と比べて、組織に対して32％高いコミットメントを感じ、仕事に対して46％高い満足感を感じていることがわかっています。
　この研究では、成長する力を高めるためには2つの要素が必要であることがわかっています。それは、バイタリティとラーニングです。バイタリティとは「情熱をもち、わくわくしたり、生き生きとできている感覚」、そしてラーニン

グとは「新しい知識やスキルを獲得することで得られる成長」と定義されています。シンプルに言えば、バイタリティは自分の仕事が何かの役に立っていると強く信じられている状態であり、ラーニングとは、スキルや能力を高め、同時に自分はこれからも成長できると感じられている状態のことです。

　バイタリティやラーニングがフィードバックと関連しているというのは、理解しやすいのではないでしょうか。健全で継続的なフィードバックを実践すると、より良い関係性やつながりができたり、互いを承認したり、理解し合えるようになり、そのことがバイタリティを高めます。ラーニングとは、私たちが気づきを得ることで、何かをより良くしたり、広げたり、前進させることにつながるものです。また、両方とも、信頼関係に基づいた、成長につながる明確なフィードバックの成果であるといえるでしょう。ですから、従業員が生み出すパフォーマンスを高めたい、そして従業員にとってより良い経験を提供したいと思うなら、バイタリティやラーニングについて取り組む必要があるようです。そのためには、気づきにあふれ、わくわくするようなフィードバックが最も良い方法だといえるでしょう。

リーダーの影響力を高める

　シンプルな事実として、パフォーマンスを生み出すためには、リーダーシップは欠かすことはできません。優秀なリーダーはチームのパフォーマンスを高めることができ、あまり優秀でないリーダーはメンバーのエンゲージメントを下げ、パフォーマンスも高まりません。リーダーシップに関する研究について書かれている書籍は山ほどありますので、ここではそのテーマについては扱いませんが、フィードバックが、リーダーシップの質や影響力、メンバーのエンゲージメントを左右する要因の1つであることは、理解しておくとよいでしょう。

　リーダーの影響力を高めるための秘訣を探し求めていたとしたら、もう探す必要はありません。その秘訣とは、フィードバックなのです！

> リーダーがどのようにフィードバックを求めたり、提供したりするかが、そのままリーダーとしての影響力やメンバーからの信頼に相関するのです。

　ジャック・ゼンガー（Jack Zenger）とジョー・フォークマン（Joe Folkman）
が行った、リーダーシップとフィードバックについての有名な研究がいくつか
発表されています。実は、私自身、彼らの研究に非常に刺激を受けたこともあり、
この本の至るところに彼らの研究内容をちりばめています。まず、2万2719
人のリーダーを対象に、フィードバックと従業員エンゲージメントの関係性
について調べた研究があります[3]。率直なフィードバックを提供できる能力が、
エンゲージメントに与える影響は驚くべきものです。率直なフィードバックを
提供する能力が下位 10% にとどまったリーダーは、チームのエンゲージメント
が他と比べて 25% 低かったそうです。逆に、上位 10% のリーダーがいるチー
ムでは、チームのエンゲージメントも上位 25% となっていました。

　上記からも想像に難くないことですが、ゼンガーとフォークマンは、多くの
リーダーがフィードバックについて、その効果を下げるような間違った認識を
もっていると述べています。残念ながら、率直でストレートなフィードバック
とは、人やチームが直すべきところを指摘することだと信じてしまっているリー
ダーが多く存在します（強くて、絶対に満足しないのが良いマネジャーやリー
ダーであるという、1950 年代かと思うような古い考えが邪魔をしているのだ
と思います）。このような間違った考えに陥ってしまったリーダーが、嫌な人
だと思われることを恐れてフィードバックを避けてしまったり、すぐに間違い
を指摘して非難ばかりする人だと思われてしまうことになります。しかし一方
で、優秀なリーダーは、ポジティブなフィードバックを志向するという興味深
い事実も明らかになっています。ポジティブ・フィードバックは、人を育成す
る際に非常に効果的ですが、リーダー自身の人望を高める効果もあるのです。

　また、ゼンガーとフォークマンによる別の研究では[4]、フィードバックを求
める行動と総合的なリーダーシップの関係について調査しています。この調査
では 5 万人のリーダーが対象者となっており、その中でフィードバックを求
める行動が上位 10% となった人は、総合的なリーダーシップのスコアにおい
て 86 パーセンタイル*に位置しており、フィードバックを求める行動で下位
10% となった人は、リーダーシップの面においても 15 パーセンタイルと、下
位にとどまりました。

＊　計測値を小さい値から大きい値に並べ替え、全体を 100 とした場合、小さいほうから数えて何番
　目かを示す。全体における位置を表す単位で、30 パーセンタイルは下から 30 番目であること
　を意味する。

ここまで、リーダーシップとフィードバックの関係について、たくさんの研究結果を紹介してきました。これらのデータから、何を読み取ればよいでしょうか。自分が提供する価値や影響力、チームのエンゲージメント、ひいてはチームのパフォーマンスを高めようとしているリーダーであれば、「求める」ことから始めましょう。フィードバックの重要性を周囲に発信し、中でもポジティブ・フィードバックに注力します。組織のパフォーマンスを高めようとしている役員や人事リーダーであれば、組織内のリーダーがフィードバックを求めたり、与えたりする行動を支援し促すようにしましょう。素晴らしい実践を行っている人やチームがいれば、積極的に認め、支援するようにします。

フィードバックが、リーダーやチームのパフォーマンスにこれほど強い関係があるのは、どうしてなのでしょうか。その理由として考えられるものを、以下にご紹介します。

気づき＝成長である。フィードバックが、何かをより良くしたり、成長するために必要な情報を提供してくれるものであるなら、リーダーであっても他の人と同じくらいフィードバックが必要なのではないでしょうか。リーダーがフィードバックを得るためには、勇気と謙虚さが必要かもしれません。エゴや自己不信を捨て、リーダーに選ばれたからといって、学習や成長をしなくてもよいわけではないことを自覚し直す必要があるでしょう。むしろ、リーダーになり、より大きな責任と影響力をもつことになったのですから、これまで以上に学ぶことがあるともいえるかもしれません。

> » フィードバックとは、人が成長し、生き生きと働くことにも役立つ情報であるといえます。個人間やチーム内で、効果的なフィードバックが実践できるようなカルチャーをつくることが、個人とチームのパフォーマンスやエンゲージメントを高める上で非常に大切になります。そうしたカルチャーがあれば、チーム学習が促され、イノベーションが生まれるなど、良い効果が現れるはずです。リーダーは、それを率先するべき存在です。自らが旗を掲げ、フィードバック・ムーブメントを始めるのです。

改善点を知る。チームの目標達成を支援するのがリーダーの役割でもあります。では、何が障害となっているかを知らずに、目標に向かうことができるで

しょうか。その障害はどうやって見つけたらよいのでしょうか。答えは簡単です。それは、人に聞くことです。

　　対話を通して信頼関係が生まれる。ポジティブなフィードバックであっても、何か改善を提案するためのフィードバックであっても、その基盤として関係性やつながりが重要であるということは、後ほどこの本の中でも触れたいと思います。私は、クライアントやその組織の従業員が悪戦苦闘しているときには、「話す、聞く、尋ねるといった日常の対話が信頼関係をつくり、それによって組織がより強く、つながりを保てるようになる」ということを思い出してもらうようにしています。そして、継続的なコミュニケーションから生まれる信頼関係こそが、リーダーシップの高さに表れるのです。

つながりを生み出す

　これまで、あなたが伝えた言葉によって、大きな刺激を受けて人生が変わったと声を掛けられたり、お礼のランチに誘われたり、手書きで感謝の言葉が綴られたメモを受け取った経験はないでしょうか。私がクライアントや同僚、社員と共に過ごしたこれまでの30年間を振り返ってみると、こうした瞬間が最もやりがいを感じ、この困難の多い仕事人生を満ち足りたものにしてくれます。

　混乱していたときに私の発言によって考えが明確になったという人もいれば、私があるテーマに注目したことで、新たなキャリアに進む道が拓けたという人もいました。1つひとつのストーリーは実に多様ですが、ほんの小さな出来事であることが多いのです。ちょっとした提案だったり、これまでの素晴らしい仕事ぶりについて触れたり、頑張り続けることができるよう、本人が生み出している価値を思い出せるような、短い声掛けかもしれません。

　こういう瞬間は大切にしたいと思うものです。そうではないと反対する人なんていませんよね。しかしそれと同様に、リスクを冒してでも私のためを思っ

て、誰かが何かを伝えてくれる瞬間も大切だと思っています。アーサー・アンダーセン社（Arthur Andersen）の太平洋岸北西支部で、まだ私がリーダーとして未熟だったころ、週一度のクライアント訪問のために車で移動している最中、当時のシニア・マネジャーが私に話してくれたことがあります。本心を隠したままでいるのをやめ、難しいことにも立ち向かい、行動することでリーダーシップを発揮するようにと、丁寧に、しかし、きっぱりと語りかけてくれました。自分の人生の岐路に立ったときはいつも、このときの会話を思い出します。数年後の日立コンサルティングで、私が仕事に熱中できなくなっていたときにも、当時あるプロジェクトを支援してくれていた仲の良い同僚が教えてくれたことがあります。それは、以前、人を中心に据えた新規サービスラインを日立で立ち上げたいと話していたときは、私自身のわくわくや情熱が伝わってきていたけれど、ここ数年、私がわくわくしている姿を見たことがない、というものでした。何気ない会話の中の何気ない言葉でしたが、その後、彼女の言葉といろいろな出来事が重なり、私は人中心のコンサルティング事業を立ち上げたいと考えるようになりました。新規事業は日立で採用されることはありませんでしたが、数年後にピープル・ファーム社（PeopleFirm）の設立という形で実ることになりました。

　こうした出来事を通して最も印象的なのは、人の言葉が相手に対してもつ影響力の大きさです。言葉は、人を勇気づけ、可能性を解放し、人を傷つけるのではなく元気を与える力があるのです。このこと以上に、あなたをフィードバック・ムーブメントに駆り立てるものがあるでしょうか。

第3章

科学からわかっていること

　「我々が唯一恐れるべきものは、恐怖そのものである」。世界大恐慌が起こったときにフランクリン・デラノ・ルーズベルト大統領（President Franklin Delano Roosevelt）が言った有名な言葉です。恐怖は人間の感覚を麻痺させ、混乱に陥れたり、一丸となって脅威に立ち向かうべきときに分断を招くことがあることを、彼はよく理解していたのです。

　このことを、フィードバックに照らし合わせてみると、フィードバックは、私たちが立ち向かうべき脅威ではありません。それは、より高いパフォーマンスやより良い成果へと続く、新たな扉を共に開くチャンスなのです。にもかかわらず、これまでの失敗体験から生み出された恐れによって、フィードバックが本来担うべき重要な役目を果たせなくなってしまっています。誠実で、良い意図をもって行われるコミュニケーションを無力化してしまい、助けになろうとしている人、ひいては組織全体を困惑させることになり、多くの場合、より良くなるどころか分断を生むことになります。なぜ、私たちはこれほどフィードバックを恐れるのでしょうか。いったいどうしたらよいのでしょう。この2つの問いに対する答えは、身体的・心理的緊張状態に陥ったときに起こる人間の生物学的反応に影響を与えている、進化の歴史を理解することで見つかるでしょう。緊迫した状況から逃避する際に起こる複雑な防衛反応を理解できれば、平常心を保ちながら、フィードバックに対する恐れをきっぱりと手放し、人と向き合えるようになるでしょう。

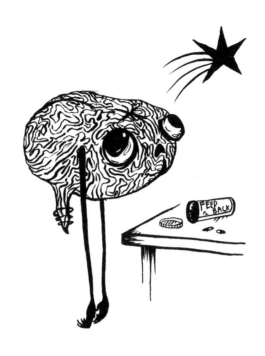

フィードバックに対する脳の反応

　スティーブンとミラの例を考えてみましょう。スティーブンは賢く、思いやりがあって、才能にあふれるメンバーです。上司であるミラも彼と同じように優秀で、気遣いのできるマネジャーです。ある朝、ミラが「スティーブン、ちょっとフィードバックしたいことがあるから、私のオフィスに来てくれない？」と声を掛けます。

　これを聞いて、スティーブンは途端にドキドキし始めました。感覚のなくなった足が、ミラのオフィスへと歩みを進める間、スティーブンの手の平は汗でびっしょりになってしまいます。頭の中には後ろ向きな問いばかりが飛び交っています。「どうして僕が？　そもそも、何のフィードバックだろう？　僕が何かやらかしたか、忘れたりしただろうか？　それとも、僕をやり玉にあげるつもりか？　もしかして、同僚たちまで寄ってたかって？　まさか、辞めさせられたりしないだろうか？？」

　スティーブンとミラは、これまでも表面上は良い関係を築いてきており、冷静に考えれば、ミラが彼をいじめようとしている理由などないのです。では、

　なぜスティーブンの反応は、一瞬のうちにこれほどまで極端で、悲観的になってしまうのでしょうか。ヒントは過去に、それもスティーブン個人だけではなく、人類の過去にさかのぼって見出すことができるでしょう。

　ちょっとしたフィードバックを提供しようとするだけで、皆がスティーブンのような反応をするわけではありませんが、多くの人が、不安や居心地の悪さをさまざまな形で経験するのも事実です。人間の脳はフィードバックという言葉を聞くだけで、戦うか・逃げるか・すくむかの闘争・逃走反応が起きるようになっており、スティーブンにもこの反応が起こったことがわかります。スティーブンがこれまで経験してきたフィードバックというものが、あまりにも苦々しかったため、フィードバックという言葉を聞いた途端、原始的な脳と呼ばれる扁桃体に強烈な恐れが生まれ、交感神経がストレスホルモンや神経伝達物質を活性化させ、身体的な反応を引き起こしたのでしょう。

　この「闘争・逃走反応」とは、人間が捕食動物や絶滅の危機から身を守るために、進化の過程で身につけたものです。血液が体の表面から足や腕に流れ込むために、顔が火照ったり、口の中が乾いたりします。また、恐怖に立ち向かったり、逃れたりできるよう、筋肉が緊張し、震えることもあります。とっさの行動に備えるために、酸素を含んだ血液を体中に送り込むため、心拍や呼吸も速くなり、知覚も非常に敏感な状態に陥るでしょう。加えて、聴覚が研ぎ澄まされ、視野が狭くなって瞳孔も開いた状態になってしまうのです。

　これらは、人間が長い間培ってきた極限状態における反応ですが、人間の脳の進化のスピードは、社会の変化よりずっと遅いため、今日では些細なことにでも大げさに反応してしまうのです。もちろん、このようなストレス反応は、火事や車にひかれそうになったときには、正常といえるでしょう。しかし、脳は必ずしも脅威のタイプを識別できるわけではないため、身体的脅威ではない、情緒的な脅威に対しても反応してしまうのです。人間の原始的な脳が、情緒的な刺激に対して生存のための身体的反応を重視することで、理性や感情のコントロールを失い、攻撃的になったり、話をそらしたり、黙り込んでしまったり、あるいは、相手をなだめて機嫌を取るなどによって、自らの心理的不快感を取り除こうとします。いずれにせよ、フィードバックに際して、私たちがありたい姿と実際の姿には、乖離があるように思えます。

闘うか、逃げるか、すくむかという「闘争・逃走反応」は、強いストレス反応として知られていますが、実は4つ目のストレス反応が、現代の職場や仕事以外の場においても、一般的に知られるようになってきています。それは、相手の機嫌を取ってなだめるという反応であり、置かれている状況に我慢ができなくなってしまったときに、話題をそらす方法として用いられます。シアトルでは、この防衛行動を「パッシブ・アグレッシブ（静かな攻撃）」と呼び、米国北西部らしい表面的な人当たりの良さと捉えることもありますが、地域を問わず、皆さんにも心当たりがあるのではないでしょうか。引きつった笑顔や気のない合意に隠された「はいはい、おっしゃる通りですね。もう行ってもいいですか」というメッセージに。フィードバックの場面で、このような感情の緊急脱出パラシュートが発動するとき、本来届けたかったはずのメッセージが届くことはないように思えるのです。

　この分断が、スティーブンとミラの間にもやっかいな問題を引き起こしてしまっているのは、当然のことかもしれません。2人の間には、以下のようなことが起きてしまいます。

　信頼関係の崩壊。ミラの声掛けに対して恐れを感じてしまったために、スティーブンの「闘争・逃走反応」が、ミラへの信頼を妨げることになってしまいます。そして、これが強いネガティブな感情の記憶を残してしまうのです。スティーブンの脳は、この経験を記憶してしまうため、次にフィードバックを受け取る際には、もっとひどい体験をすることになります。

　思考の低下。一度この状態に陥ってしまうと、ミラがどんなに的確なフィードバックを伝えようとも、スティーブンは冷静にそれを受け止め、理解し、消化することはできないでしょう。

判断力の欠如。スティーブンは大げさに反応してしまっているかもしれませんが、人間の脳は、一度経験したこと、特にネガティブな経験を、どんな状況にも当てはめて考えてしまう傾向があります。パフォーマンスを高めるために提案されたことも、キャリアに傷がついてしまうような一大事に思えたり、自分のアイデアが認められなかっただけで、自分の居場所をなくしたように感じてしまうのです。

　それでは、私たちは、恐れを抱くことなく、冷静にフィードバックに向き合い、協働することはできないのでしょうか？　直感的には信じられないかもしれませんが、向き合える方法はあります。まず、しっかりと仕事に向き合えるような心の余裕を生み出すためには、ストレス反応を攻略しなければなりません。恐れから完全に解放されることはなくても、フィードバックへの反応を和らげたり、そこから生まれる可能性を最大限に活用するために、恐れをコントロールするのです。では、そのためにまず、人間の脳内から飛び出し、今度は体の中で起こることについて見ていきましょう。フィードバックと聞いた瞬間に、体にどんな反応が起こるのか、それらをどのように攻略していけばよいのかを知ることが大切なのです。

　難しい会話にも、落ち着いて、高い自己認識をもって臨むことができれば、回を重ねるごとに脳内に新たな神経経路が生まれたり、既存のものが強化されるため、その後のストレスが高い状況においても、ポジティブに反応することができるようになるのです。自分自身の（フィードバックに対する）恐れをうまく対処することができるようになればなるほど、そうした状況自体から恐れを感じることも少なくなっていくでしょう。

　感情の渦に巻き込まれそうになっていると気づいたら、少なくとも10秒間、もしくは深呼吸3回分、体と感覚にできるだけ注意を向けるようにしてください。恐れや不安、怒りといった、原始的な脳が作動したときに起こりやすい感情を鎮めるためには、意識的に体の感覚に注意を払い、理性を司る前頭葉を作動させる必要があります。脳の情動と理性を司る部分の両方を使うことは不可能であり、思考だけではストレス反応から抜け出すことができないことが、研究からも明らかになっています。そのため、ストレス反応を和らげるには、体に意識を向けることで、理性の脳がコントロールを取り戻す必要があるのです。

このように脳内に新たな回路を作り、より恐れの少ない新しい習慣を取り入れるように脳を訓練することは、容易なことではありません。以下に、「闘争・逃走反応」や「思考の低下」を和らげるためのアイデアを記載していますが、試してみる際には、ぜひ前向きに、根気強く取り組んでいただきたいと思います。

　地面を感じる。足をしっかりと踏ん張り、指先が床についているのを感じてください。足にはどんな感覚が伝わってきますか？　柔らかいでしょうか？　かじかんでいますか？　暖かいでしょうか？　それとも、くすぐったい感じがするでしょうか？　息を何度か吸ったり吐いたりしながら、足から伝わる感覚に注意を向けます。

　周囲の音に集中する。自分の周りの音に意識を向けるようにします。パソコンのキーボードを打つ音がするでしょうか。外の車の音や、鳥のさえずりが聞こえるかもしれません。そうした音に耳を澄ましてみましょう。周囲の音に集中したまま、10 秒数えてみます。

　反復する。ストレスを感じるたびに、こうしたエクササイズを実践してみることで、脳内に新しい神経経路をつくることができます。実践を積めば積むほど、自分の意識を移し、頭の中を空っぽにすることが、だんだんと楽にできるようになってくるでしょう。

　スタンフォード大学の教授で、『ポジティブ・インテリジェンス（Positive Intelligence）』（邦題『スタンフォード大学の超人気講座 実力を 100% 発揮する方法―ポジティブ心理学が教えるこころのトレーニング』）を書いたシャザド・チャミン（Shirzad Chamine）によると、こうしたエクササイズのことを「PQ reps」と呼び、1 回 10 秒間、1 日 100 回繰り返すように提案しています。（そう聞くとげんなりするかもしれませんが、実際には、合わせてたった 15 分しかかかりません）[1]

呼吸を忘れないこと

　続いて、もう少し難易度は上がりますが、ストレス反応による動揺を鎮めるのに役立つエクササイズをご紹介したいと思います。自分をリラックスさせるような簡単なエクササイズで、アンドリュー・ウェイル博士 (Dr. Andrew Weil) によって提唱された、4－7－8呼吸法というものです。4－7－8呼吸法のようなテクニックを使うことで、自らの呼吸から体内の酸素の流れを整え直すことができるのです。これは、フィードバックを受け取るというストレスの高い場面においても役に立つものですが、フィードバックを受けたり提供したりする際に妨げとなる、蓄積されたストレスや不安を和らげる効果もあります。

1.　舌先を上顎につけ、前歯のちょうど後ろにくるようにします。口は開けておきます。
2.　そのままの状態で、口からしっかりと息を吐き切ります。
3.　続いて、口を閉じ、鼻から静かに息を吸いながら、4つ数えます。
4.　7秒間、息を止めます（初めは長く感じるかもしれません）。息を止めることで、心拍数を落ち着かせることができるので、体と心がリラックスします。
5.　8秒間で、口から息を吐き出します（このときは、音を出しても構いません）。
6.　続いて息を吸うタイミングで、1に戻って続けます。

　もちろん、フィードバックによるストレス反応を起こさないための本質的な解決は、私たちのムーブメントが成功し、フィードバックが恐れを生まない世界をつくることができてはじめて実現するわけですが、その道のりは、簡単ではありません。なぜなら、恐れというのは、フィードバックのあらゆる場面において、関わるすべての人の中に顔を出し、フィードバックを台無しにする性質があるからです。

何を恐れているのか

　フィードバックとは、私たちの生死に関わる問題とは程遠いものにもかかわらず、なぜここまで大げさな反応を引き起こしてしまうのでしょうか。そもそも、フィードバックの何が問題なのでしょうか。今にも飛びかかりそうに牙をむく虎のように原始脳を刺激し、フィードバックに影を落とす「恐れ」とは、一体何者なのでしょうか。

　フィードバックの何が恐れの要因になっているかということをよくよく考えてみると、「アイデンティティ」と「つながり」、この2つに行き着きます。恐れの中心にあるものは、私たちのアイデンティティと、そのアイデンティティの形成に深く影響している周囲とのつながりや関わりなのです。私たちが本当に恐れているのは、孤立や疎外されること、周りから取り残されてしまうことなのです。人類の歴史上、孤立というのはほとんど死と同義であり、そう考えると、今日の身体的なストレス反応は大したものではないかもしれません。しかし、他者とつながりたいという願いは、社会的な存在である人間の大切なモチベーション要因です。私たちには本能的に他者とつながり、価値のある存在として承認されたいという欲求があるのです。周囲のコミュニティとつながり、認められたいという欲求によって、発達した知性を活用しなくとも行動が生み出されるのです。

　そこで現れるのが、防衛行動です。

　失敗や批判を避ける唯一の方法は、何も言わず、何もせず、何者にもならない。
　―『オリンピアンズ：エルバート・ハバートズ・セレクテッド・ライティング・
　　パート2（Olympians: Elbert Hubbard's Selected Writings, Part2）』
　　（仮訳『オリンピアン：エルバート・ハバート選集パート2』）より

　人間は恐れを抱くものに対して、それを回避したり、認知をねじ曲げたりすることで、自分自身を守ろうとします。何も耳にしなければ、言わなければ、誰も傷つくことはないという、間違った安心感を得ようとします。聞きたくないようなことや、関係性を壊しかねないような意見を避けてしまいがちです。特にこの場合、周囲のあらゆる人との関係というよりは、上司のような権力のある人との関係性が壊れることに恐れを抱いてしまうのです。自身のアイデンティティや、他者（特に自分にとって大切な人）から見た自分のイメージが揺らぐようなフィードバックを、まともに受け取ることを避けがちです。自己イメージや他者とのつながりを守るため、受け取ったフィードバックを自分の考え方や枠組みに収まるようにねじ曲げて理解することもあります。特に、予期せず批判的なフィードバックを受け取った際に、こうした行動や反応が起こりやすいといえます。

　こうした防衛行動が起こると、私たちはフィードバックを求めることだけでなく、他者にフィードバックを提供することも避けるようになってしまいます。大切な人を傷つけたくないために、また、相手を傷つけて関係性が壊れてしまいかねないと思えば、思っていることや自身の考えを共有することを先延ばしにしたり、一切話さなくなってしまうのです。

　スティーブンとミラの例に戻ってみましょう。今度はスティーブンではなく、ミラが感じているジレンマについて考えてみます。スティーブンは気づいていませんが、ミラは彼とこうした会話をすることをできる限り避けてきました。そうした中、最近取り組んだプロジェクトの事後分析で、スティーブンの仕事が不十分であったことが浮き彫りになりました。参加したメンバーからは、スティーブンにきちんとフィードバックを行うように言われています。きちんとフィードバックをすれば、今彼が取り組んでいる仕事にも十分役立つということは、頭ではわかっていますが、同僚やスティーブンにとって、頭が良く、物知りで、誰からも好かれるマネジャーのままでいたいと考えてしまいます。スティーブンに声を掛けたのはミラのほうですから、主導権を握っているようにもみえますが、彼女自身も別の恐れと向き合っているのです。話し合いの日が近づくにつれて、悲観的な言葉で頭の中が支配されていきます。伝えようとしていることは、本当に真実で公平だろうか？　彼らは一体私に何を伝えてほしいのだろう？　うまくいかなかったらどうしよう？　彼が怒ってしまったら？　辞めてしまったら？　そもそも私はマネジャーに向いていなかったのかも……。

恐れや不安がミラの判断力を低下させ、スティーブンと話し合う前から、自分には彼と有意義な意見交換や探求ができる準備が整っていないと思い込んでしまいます。この時点で、ミラには2つの選択肢があります。

- 1つ目の選択肢は、自分の考えを「怒鳴る、一方的に話す、説得する」。そして、さっさと終えることです。ミラは、同僚と約束した重たい仕事を1つ終えることができ、興奮状態でその場を去ることができるでしょう。一方スティーブンはといえば、傷ついたまま取り残されてしまうことになるでしょう。
- 2つ目の選択肢は、まずは温かい声掛けをし、その後、恐る恐るフィードバックを伝え、最後にまた明るい話題に移って会話を終えるというものです。ミラは伝えたかったことをスティーブンがきっと理解してくれただろうと期待し、彼と衝突せずに終えられたことにほっとしています。スティーブンのほうは、ミラが一体何を伝えようとしていたのか、なぜ自分と話をしたかったのか、わからないまま混乱してしまうでしょう。

どちらの選択肢を選んでも、スティーブンにとってもミラにとっても、得られるものはありません。2人ともが始まる前から恐れを抱き、その恐れのまま会話を終えてしまい、2人の間に存在していた信頼をなくすような苦い体験となってしまいます。2人の防衛行動により、健全で効果的な対話が実践できなくなるのです。その結果、フィードバックに関する2人の間違った考えが強化されるという、残念な結果に終わってしまいます。

「はじめに」でも触れたように、このテーマについて深く考えるということは、私にとっても大変なことでした。フィードバックをするとなると、私自身も、皆さんと同じくらいうまくできないのです。私は、感動的なドッグフードの CM や、空港で他人同士が涙のお別れをしているのを見るだけで泣けてしまうほど共感性が高いほうなのですが、この共感性の高さが、私自身のフィードバックの仕方に大きな影響を与えていたことに気がついたのです。私は、相手に共感し過ぎるがゆえに、難しいフィードバックを伝えることに消極的になってしまっていたのです。本来、そのフィードバックが相手の役に立つであろうと思われるときでさえも、です。私は関係性や相手を気遣う気持ちと、フィードバックの目的を分けて考えることができていなかったのです。しかし、消極的になってしまっていた自分を乗り越えることで、フィードバックを伝える能力を高めることができるようになりました。実際には、これは私にとって今後も磨き続けなければならない点ではありますが、自分が大切に思う人に貢献するには、彼らが成長し、より良くなっていくことを支援するのが一番なのだと、自分に言い聞かせるようにしています。そのためには、共に働くメンバーへの励ましや支援を高めること（私の好きなことでもあります）と同時に、彼らがさらにチャレンジして成長できるように、方向転換を促したり、反対意見を伝えたりすることが必要となります。

ネガティブな思考に引っ張られる理由

　スティーブンやミラが、なぜ想定できる中でも最悪のケースを甘受してしまったのか。その問いに答えてくれる研究は枚挙にいとまがありません。

科学的な研究からわかっていることには、以下のようなものがあります。
- 人間の脳は、他の刺激よりもネガティブな情報をいち早く処理するようにできている。
- ポジティブなものと比べてネガティブな情報のほうが、私たちの評価・判断に、より大きな影響力をもっている。
- ネガティブな影響や結果をより深刻に捉え、同じような結果でも、ポジティブなものは軽く捉えがちになる。たとえば、20ドルを見つけたときより、20ドルをなくしてしまったときのほうが反応が大きくなる。
- 人は良い評価を得ようとするより、悪い評価を避けようとしてしまいがちである。
- ネガティブな情報はポジティブなものと比べて、情報を処理するのにずっと多くの時間を要する。
- 人間の脳は、ネガティブな考えが生まれやすく、またそれを手放すのには時間がかかる。
- ポジティブな出来事よりもネガティブな出来事のほうが、記憶に長く残る。

● ほぼどんな状況でも、良い情報よりも良くない情報が、私たちに強く影響していることが、研究からわかってきている[2]。

良い情報が悪い情報に勝るためには、数で勝負するしかありません。
1つの悪い情報に対して、たくさんの良い情報を集めるのです。

　つまり、「良くない」と感じる出来事に遭遇したとき、人は多くの感情を経験し、より大きく、長期的な影響を受けるということです。それが人間の特性なのです。ここでも、人間に本来備わっている自己防衛の力が強く働いています。私たちの祖先は、身の危険など、生きる上でのネガティブな情報に常に神経をとがらせ、それに素早く反応し、防衛行動を取ることで、ここまで生き延びてきました。人間が進化したにもかかわらず、このネガティブ・バイアスと、現代人のトラウマに対する対処・反応の仕方、学び方、社会的圧力への執着とを関連づけている研究もあります。本書では、人間の防衛行動が起こる要因を議論するのが目的ではありませんが、こうした傾向により自覚的になることで、フィードバックをより良くするためにどう役立つのかを理解しておくことが大切です。

マジックテープ／テフロン現象

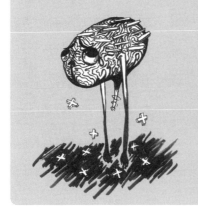

良くない出来事を記憶し、良い出来事を忘れたり、見過ごしたりしてしまうことを、マジックテープ／テフロン現象と表現することもあります。ネガティブな刺激を受けると、それがマジックテープのように脳に引っ付き、ポジティブな情報はテフロン加工のフライパンで焼いた卵のように、簡単に滑り去ってしまうのです。

古傷をえぐるようなフィードバックの経験は、誰しも簡単に思い出すことができるのではないでしょうか。それこそが、ネガティブ・バイアスが働いている証拠です。おそらく同じくらいか、それ以上のポジティブ・フィードバックを受けているはずでも、それを思い出すのはずっと難しいのです。こうした傾向に気づくだけでも大きな一歩です。私たちがネガティブな情報を重視し過ぎたり、考え過ぎたりして振り回されているときにも、なぜ自分を痛めつけてしまうのか理解することができるのですから。また、誰かにフィードバックを提供すべきか、あるいは、傷つくリスクを冒してまでフィードバックを求めるべきかを考えているときにも、自分自身のネガティブ・バイアスに気づくことができるようになるでしょう。

　ネガティブ・バイアスの具体的な例を挙げてみましょう。あなたは６月に実施された人事評価で、５段階中５のスコアを受け取ったとします（何度も申し上げている通り、私はパフォーマンス・レビューやレイティングが好きではありませんが、この例には必要な要素であるため、活用しています）。最高のスコアを受け取ったのであれば、喜ぶべきですよね？　喜ぶべきところを、なぜがっかりしてしまっているのでしょうか？　２月に取り組んだプロジェクトで、もう少しうまくやれたのではないか、というマネジャーの言葉が気になっているのでしょうか。マネジャーにそう言われて以来、それがずっと頭から離れませんか？　マネジャーが２月のプロジェクトについて誤解していると、昼食の席で何度か同僚に愚痴をこぼしましたか？　受け取った褒め言葉はすべて忘れ去られてしまったのでしょうか？　あらためて考えると、あなたは最高の評価を受け、それにより給与は同じバンド内でも最高額に上がりました。そうした評価を経て与えられた新しい役割は、マネジャーがあなたの能力を信頼している証拠だと思いませんか。それでいてもなお、ネガティブなフィードバックがあなたを苦しめてしまうのです。評価の場面に限らず、これまでにも全体的にはポジティブな体験であったのに、ほんの少しのネガティブなフィードバックによって気持ちを乱されてしまった経験はないでしょうか。そうしたときには、一度立ち止まって、良い情報を受け取り、それを正確に判断する能力が、ネガティブ・バイアスによって妨げられていないかどうか、確認してみましょう。

そのフィードバックは、今回だけのこと

　皆さんは楽観主義でしょうか？　それとも悲観主義でしょうか？　また、それは自分自身の選択であることをご存知ですか？　この選択こそが、一見ネガティブな情報を受け取った際に、どう対処するのかに大きな違いを生むというのは面白いと思いませんか。ネガティブな情報に長い間とらわれてしまい、最悪の場合、永遠に消化できないでいると、その人がもつ可能性に制限が掛かり、前進するための精神的な強さを失ってしまうことになります。『ラーンド・オプティミズム：ハウ・トゥー・チェンジ・ユア・マインド・アンド・ユア・ライフ（Learned Optimism: How to Change Your Mind and Your Life）』（邦題『オプティミストはなぜ成功するか』）の中で、ポジティブ心理学の父といわれるマーティン・セリグマン（Martin Seligman）は、ネガティブな情報を「恒久的で、個人攻撃と捉え、一般化してしまうこと」の危険性を訴えています。悲観的な人は、フィードバックを恒久的に捉え（自分はいつもそうだ）、一般化し（自分は何をやってもだめだ）、個人攻撃をされている（どうしていつも自分ばかりネガティブなフィードバックを受けるんだろう）と受け取ってしまう傾向が強いそうです。もし、そうした情報の受け取り方や考え方をより楽観的に変えることができれば、フィードバックをより一時的で（次はもっとうまくやればいい）、状況に依存するものであり（あの環境でうまくやるのはとても難しかっただろう）、特定の事象に対するものである（ああ、今回はうまくいかなかったんだな）と捉える力が身につくはずです。

　それは、自分自身の力で選択できるのです。

自分で選択をする際には、セス・ゴーディン（Seth Godin）が語った話を思い出していただきたいと思います。詩人ドナルド・ホール（Donald Hall）の本の中に、ニューハンプシャー州に住む老人について書かれたストーリーがあります。その人は、たくさんの遺品を納屋に残してこの世を去ってしまいます。そのうちの１つに、「残しておくには短すぎるひも」というラベルが貼られた箱がありました。取るに足らない情報であっても、最高のパフォーマンスの妨げになるようなものは、そうやってしまっておくのが一番なのです。小馬鹿にされたり、それとなく拒絶されたり、そのうち忘れてしまうような障害も、まったく

役に立たないアイデアなども全部、とにかくしまっておくのです。こうしたガラクタが、私たちが前に進むのを妨げる要因となっているからです。その他のささいな物事は忘れて、自らのエンジンとなるような情報だけを大切にすることができたら、どうなるでしょうか。

マインドセットの重要性

スタンフォード大学の心理学者であるキャロル・ドゥエック博士 (Dr. Carol Dweck) は、素晴らしい研究を行っており、パフォーマンスや学習においては、マインドセットが重要であると述べています。この研究は『マインドセット：ザ・ニュー・サイコロジー・オブ・サクセス (Mindset : The New Psychology of Success)』(邦題『マインドセット「やればできる！」の研究』[3] にまとめられています。意識的・無意識的な考え方が、ほんの少し変わるだけでも、人生のさまざまな場面でいかに大きな影響を及ぼすことができるかについて、考察されています。ドゥエック博士によると、マインドセットとは、人が自分自身についてもっている自己認識や「自己理論 (self-theory)」であるといいます。その人の生き方、困難への向き合い方、仕事の仕方を説明する際の言葉として、ドゥエック博士は「フィックスト・マインドセット」と「グロース・マインドセット」という言葉をつくりました。

> 「私は世界を強者と弱者、成功者と失敗者には分けない。私は世界を学ぶ者と学ばない者に分ける」
>
> ― ベンジャミン・バーバー（Benjamin Barber）（著名な社会学者）

著書の中で、ドゥエック博士は2つのマインドセットについて、次のように言及しています。「フィックスト・マインドセットは、人の知性や才能といった基本的資質は、生まれつき固定的で、変わらないものであると考えます。そうした人は、自らの知性や才能を伸ばそうとするのではなく、証明することにエネルギーを費やします。また、努力をしなくても、才能さえあれば成功できると

信じているのです」。一方で、「グロース・マインドセットは、人の基本的性質はほとんどが経験と努力次第で伸ばすことができると考えます。知性や才能といったものは、その第一歩でしかありません」。つまり、成長し、自らを高め続ける可能性を開花させるには、マインドセットが重要になってくるのです。

　グロース・マインドセット（才能は育てられると信じている）の人は、フィックスト・マインドセット（才能は生まれつきのものであると信じている）の人と比べてより多くを成し遂げられることが、研究からも明らかになっています。そして、ドゥエック氏の研究[4]においても、なぜグロース・マインドセットの人がより高いパフォーマンスを生み出すことができるのか、その要因がわかってきました。その中でも、特徴的な行動を以下の表にまとめてみました。

フィックスト・マインドセット　VS.　グロース・マインドセット

	フィックスト・マインドセット	グロース・マインドセット
課　題	避ける	歓迎する
困　難	すぐに諦める	立ち向かい続ける
努　力	実を結ばない	何かを得るには欠かせない
批　判	批判的フィードバックを無視する	フィードバックを求め、学ぶ
他者の成功	他者の成功に恐れを感じる	他者の成功から学び、励まされる

　私たちのフィードバックを立て直すムーブメントにおいて、２つのマインドセットの違いを理解することは、とても重要です。２つのマインドセットの比較表からも読み取れるように、グロース・マインドセットの傾向が強い人は、フィードバックの体験が良いものになるために必要な行動様式をもっており、フィックスト・マインドセットの傾向が強い人は、それをもち合わせていないことは明らかです。つまり、人が変化し、方向を変え、成長し、より良くなっていくための触媒としてフィードバックが作用するためには、それを提供する側も受け取る側も、グロース・マインドセットをもっている必要があるのです。

私がまだ子どものころ、父と一緒にモンタナ州にあるビッグ・マウンテン・スキー・リゾートによく通っていました。父はスキーレースのコーチだったため忙しく、私は一人でレッスンを受けたり、友だちと滑ったりしていました。夕方、家に帰る車の中で父はいつも私に尋ねました。「今日は何度転んだ？」と。私が一度も転んでいないと答えると、父は残念そうに首を振って「転ばないと、学べないんだよ」と言うのです。父は娘のことをよく理解していました。父は、私がスキーに対してフィックスト・マインドセットになってしまっていることをよく心得ていたのです。実際に、私は3歳のころからスキーを始めていたので、自分はもう十分上達したと考えていました。一方、父のほうはちっともフィックスト・マインドセットではありませんでした。私がまだまだ伸びると知っていたのです。もちろん父は間違っていませんでしたが、当時の私はそれが理解できませんでした。でも、今は父の言っていたことがよくわかります。とはいえ、もう子どもではないので転ぶのは好きではありませんが、雪の斜面に立つと父の言葉が頭に浮かぶことがあります。そんなときは、コンフォート・ゾーンを飛び出して、少しだけ挑戦してみることにしています。

グロース・マインドセットのスイッチを入れる

　人生のどんなことでもそうですが、マインドセットは白黒はっきりしているわけではありません。誰しもグロースとフィックストの両方の側面をもち合わせており、さまざまな経験を通して2つのマインドセットのバランスも変化していくのです。「世間話ができない」とか、あることにはフィックスト・マインドセットをもっていても、「ビジネス戦略はまだよく知らないけど、すぐに追いつけるだろう」といった具合に、別のことにはグロース・マインドセットをもっているということもあります。こうしたものの見方は、両親、先生、コーチ、上司、友人から教えられたり、自らに影響を与えた出来事、固定概念など、これまでの人生で得た経験によって形づくられたものです。

　ここで朗報なのは、たとえ自分や周囲の人がフィックスト・マインドセットに傾いてしまっていたとしても、グロース・マインドセットに転換できることです。しかし、思考を転換するには、意思をもって努力を繰り返す必要があります。

内なる声に耳を傾ける

　学び、成長したいと思うならば、自身のマインドセットを観察し続けることが重要です。そのためには、自らの内面から発せられる声に耳を傾ける必要があります。たとえば、新たな課題に挑戦しているとき、脳がフィックスト・マインドセットのメッセージを発していないか、観察してみてください。もしそうであれば、使っている言葉をよく吟味し、グロース・マインドセットにシフトするように働きかけてみます。

マインドセットによる自己の捉え方の違い

フィックスト・マインドセット	グロース・マインドセット
こんなことできない。自分は無能だ。	このやり方はまだ知らないが、どうやってそれを学ぶことができるだろうか。
細かい仕事はこれまでずっと苦手だった。	今まで細かい仕事は苦手だった。「細かい仕事が得意になるには？」と検索してみたら、何が見つかるだろう。
サラのようにコミュニケーション能力が高ければ、この商談もまとめることができるのに……。	もっとコミュニケーション能力があれば、この商談もうまくまとめることができるだろう。サラにアドバイスをもらってみよう。
この仕事は自分には向いていない。	この仕事をうまくこなせるかわからないが、まずは必要なタスクを洗い出してみて、気持ちが変化するか見てみよう。

　自分がフィックスト・マインドセットになってしまっていたら、そのことにすぐに気づけるようになってください。そして、グロース・マインドセットに転換するのが上手になってきたら、周囲の人に対する考え方も同じように転換できるかやってみてください。人がもつ可能性について批判的に考えたり、発言したりしているようであれば、フィックスト・マインドセットに陥ってしまっているかもしれません。人が学び、成長する能力に関してフィックスト・マインドセットになってしまうと、その人の成長に無意識に限界を設けることとなり、そのせいでせっかく本人の能力を高め、専門性を磨く機会があっても、他の人に譲ってしまうことになりかねません。以下に、他者に対するフィックスト・マインドセット的な考え方が、グロース・マインドセットのものと比べてどう異なるのか、紹介してみます。

マインドセットによる他者の捉え方の違い

フィックスト・マインドセット	グロース・マインドセット
ジムがこの仕事をうまくやれるはずがない。	ジムはまだこの仕事をうまくはやれないだろう。でも、これまでも新しい業務を学んできたし、また今回もそうしてくれると思う。
メアリーにこの仕事をお願いしよう。ジェンが担当するのは無理だから……。	ジェンよりもメアリーのほうがこの仕事をうまくやれるのは明らかだ。でもジェンに任せてみたら、きっと良い学習機会になるだろう。最初は私がサポートしてあげればいい。
私がトムに、彼の仕事ぶりについて正直にフィードバックをしたら、トムはパニックを起こすだろう。	トムにあのプロジェクトでの仕事ぶりについてフィードバックしたいことがある。同時に、彼には自分の過ちから学び、将来に生かせる力があると信じていることも、しっかりと伝えようと思う。

　自分自身に対しても、他者に対しても、人の能力、限界、可能性をどう見ているのか、内なる声を転換できれば、フィックスト・マインドセットの芽を早い段階で摘み取ってしまうことができます。フィックスト・マインドセットの声が聞こえてきたときには、その声を、成長を止めるものではなく促進する声に吹き替えていく習慣を身につけるのです。

「認めさせたい (Prove)」から「成長したい (Improve)」への転換

　これまで、自分が感じの悪い人間になってしまった苦い経験を思い出してみると、そういうときは大抵、周囲にもしくは自分自身に対して、何かを証明しようとしていたときだと気がつきます。皆さんにもきっとそんな経験がありますよね。自分が正しく、聡明で、才能があって、面白い人間でいることに必死になっているとき、周囲の人のニーズや考えに耳を傾け、関心を寄せることを忘れてしまっています。経験を重ね、大人になって、知識も増えた（と自負している）今となっては、「私はそんなこと、とっくに克服している」と言いたいところですが、それはうそをついていることになってしまいます。今私が心から言えるのは、相手に「認めさせたい (Prove)」モードになってしまっている自分に気づくのが、以前より上手になったということです。そして、気づくだけでなく、すぐに「成長したい (Improve)」モードへと意識的に切り替えることもうまくなりました。「認めさせたい」から「成長したい」へ切り替えると、グロース・マインドセットへの転換ができ、さまざまな成長機会が現れるようになるでしょう。

　人間は、他者とつながったり、他者から受け入れられることを求めるものなので、自らの価値や素晴らしさを認めさせたくなってしまう自分に逆らい続ける必要があるように思います。だからこそ、私たちが共に努力すれば、エゴを乗り越え、「成長したい」モードで居続けることができると信じています。フィードバックを受け取るとき、グロース・マインドセットに転換し、その情報がどう自分の成長に役立つだろうかという視点で耳を傾けることができれば、自分

自身にとって大きなギフトとなるでしょう。そうすれば、フィードバックを自分自身に対する脅威と捉えて疲弊してしまうこともありません。フィードバックを提供するときには、フィックスト・マインドセットからグロース・マインドセットへの転換をして、フィードバックの意図を確かめるようにしましょう。つまり、このフィードバックは相手がより良くなるためのものか、または、自分が何かを証明したいからなのか、問うてみるのです。このスイッチの切り替えが、フィードバックの場面で起こる対話の質を大きく向上させることになるでしょう。

練習あるのみ

　フィードバックについて苦い気持ちをもってしまうのは、人間の脳の仕組みによるところが大きいといわれていますが、私たちにはフィードバックの経験をより良いものにしていく力も備わっています。恐れ、ネガティブに偏ってしまう傾向、歪みがちな自己認知、これらはすべて人間らしさでもあります。しかし、自らを観察したり、意識しないままでいると、ポジティブなものであったとしても、フィードバックを求めたり、提供したり、受け入れたりする力や意欲が損なわれていく要因にもなってしまいます。

　これまでのさまざまな研究のおかげで、私たちは、こうした人間がもつ特性を知り、自らを解き放つ努力をすることができます。また、繰り返し練習し続けることで、どんどん上手になっていくでしょう。フィードバックの場面で、恐れを感じている自分に気づき、それを認識し、自らの意思でコントロールし続けることができるたびに、脳内で新たな神経のつながりが生まれ、防衛、ごまかし、諦め、逃走といった、もともと備わっていた無意識の反応を少しずつ塗り替え、望ましくない習慣をより良いものへと転換していけるのです。

　神経科学の言葉では、これを神経可塑性と呼んでいます。神経可塑性とは、人間の脳は、日々の経験を通して常に変化し続けているという意味であり、それは科学的にも証明されています。つまり、私たちは意識によって脳を変化させることができるということです。1つひとつの経験が、脳内に新しい神経経路を生み出しているのです。たくさんの人が山道を歩いて道をならし、少しず

つハイキング・コースが生まれていくように、神経経路も何度も使うことで定着していきます。

　繰り返し実践し続けることで新しい神経経路をつくる作業。それは簡単に聞こえますが、実際には強い意志と時間、たくさんの練習が必要となるでしょう。ムーブメントを起こすのが簡単だと言った覚えはありません！

FRESH START

第4章

フィードバックの新たな門出

　さあ再出発です。新たなフィードバックの世界に向かって、皆を率いるムーブメントを始めるのです。このムーブメントを成功させるためには、古い考え方や悪い習慣を手放していく必要があります。ここまで、従来のフィードバックでは何が妨げになっていたのか、科学的な背景を学び、その準備を整えてきました。

　今度は未来に目を向けてみましょう。フィードバックの新しい世界に。再出発を切るためのビジョンを共有し、強い意志を生み出すことに注力します。過去の経験をリセットし、適切な意図をもった効果的な良いフィードバックがどんなものとなるのか、新たな定義や共通言語、フィードバックがどうあるべきかという新たな考え方や視点を描き直してみるのです。

フィードバックの新定義

オックスフォード英語辞典で「フィードバック」を調べてみると、こんなふうに書かれていました。

【feedback】（名詞）
製品・仕事のパフォーマンス等に対する反応に関する情報。改善に活用される。

現在のこの定義は悪くはないのですが、逆にいうと、素晴らしくもありません。人の心に訴えかけ、フィードバックの新時代の到来を告げるには、少し心もとないように感じます。今日、私たちが共通認識として抱いているような、人にレッテルを貼ったり、自分は無能だという気持になったり、がっかりさせるような情報であるとは書いていません。ですが、パフォーマンスや業務、改善に焦点が当たっており、私たちの目指す世界にとっては、狭すぎる定義になっています。それから、「反応」という言葉が、少し攻撃的にも感じませんか？

これまでの定義は脇に置いて、新たな定義でこのムーブメントを始めてみましょう。フィードバックに対する認識、反応、関わり方を転換させてくれるようなものです。それは、より明確で、実現したい成果や未来を表すような、こんな定義だと思います。

【feedback】（名詞）
個人や集団が改善・成長・前進することを唯一の目的として、自ら求めたり、他者から提供される、明確で具体的な情報

どんな言葉の定義もそうであるように、この新定義に使われている言葉も意図をもって選んでいます。1つひとつの言葉をみていくことで、そこに込められた意味について理解を深めてみましょう。

明確で具体的。人と人の間で共有される情報が意味を成すためには、それが具体的である必要があります。また、明確な理解と適切な行動を促すものでなければなりません。

自ら求めたり、他者から提供される。フィードバックというのは、他者から提供されるものであると同時に、自ら求めるものでもあります。どちらも、対話に情報を持ち込むことがねらいです。

唯一の目的。個人やチームが成長し、価値を生み出すためでなければ、フィードバックを提供したり、求める必要などあるでしょうか。他の目的があるなら、それをフィードバックと呼んで自分をごまかしてはいけません。

改善。態度やアプローチ、行動、姿勢などが何らかの妨げになっているなら、それを改善するためのフィードバックが必要です。改善のためのフィードバックは、本人が何を変えたらよいのか理解を深めたり、別の方法や取り組み方を提案するものであるべきです。より良い成果を生み出すのを阻害しているものは何かといった観点や、過去よりも未来に向けた視点があるとよいでしょう。

成長。新しいフィードバックでは、成長というものを広い意味で捉えています。たとえば、日常の中で自分とは何者かという自己認知を高めたり、周囲の世界で起きていることの理解を深め、これまで気づかなかった才能を磨き、周囲とのつながりを広げ、新しい取り組みや考えを学び、実践してみること。こうしたこともすべて成長と捉え、私たちは日々成長できるという考え方です。成長には終わりがなく、目的をもって日々を過ごすことによって、成長し続けられるのです。

前進。前進するためには成長することが必要ですが、前進という言葉は役割や役職の変更といった動きを想起させます。たとえば、より難易度の高い役職にチャレンジすること、責任範囲を広げること、組織内でより広い役割を担うことなどです。成長や前進のイメージは人によって異なり、人生やキャリアにおいて何を大切にするかも人それぞれです。私たちが目指す未来では、成長は誰もが求めるものですが、動きを伴う前進を追い求めるかどうかは自由な選択であるべきです。つまり、今の仕事や役割の中で成長する人もいれば、役割を変えて前進することを目指す人がいてもよいのです。

フィードバックであるものと、そうでないもの

新しいフィードバックの概念を考えるとき、そうであるものとそうでないものを対比してみると、理解がしやすくなります。以下に紹介する「フィードバックと、そうでないもの」を見ながら、新しいフィードバックの定義についてのイメージを膨らませてみましょう。

フィードバックと、そうでないもの

フィードバックとは、こんなものです。	フィードバックとは、こんなものではありません。
ツール	凶器
コミュニケーション	非難
信頼に基づく	疑いに基づく
文脈と合わせて共有される意見	文脈を考慮しない一方的な決めつけ
成長を支援するため	権力を見せつけるため
思いやりがあって、明確	まとまりがなく、冗長
共通の経験から得られる気づき	知識をひけらかすための自慢話
建設的	否定的
贈りもの	制裁
内省のきっかけ	自己嫌悪を引き起こす
人を支援する方法	人を無理やり変える方法

ポジティブなフィードバックを増やす

　フィードバックと聞くと、多くの人はお決まりの恐ろしい言葉を想像してしまいます。それが何か、わかりますか。たとえば、「ちょっとフィードバックがあるんだけど」と言われたら、どんな思いが頭を駆け巡るでしょうか。あなたには否定的に、「ちょっとネガティブなフィードバックがあるんだけど」というような、恐ろしい言葉に聞こえなかったでしょうか。人間は悪意がないはずの言葉に、無意識にネガティブな言葉を付け加えてしまう傾向があるため、多くの人が同じような反応をしてしまうのです。

　フィードバックはネガティブなものだと思い込んでしまう、この本能的ともいえる反応を抑え込むには、どうしたらよいでしょうか。まず、新しい定義をあらためて見ていただきたいと思います。新しい定義では、フィードバックの性質を限定せず、受け取り手がポジティブに捉えるか、ネガティブに捉えるかについても言及していません。そこには、私たちの意図が込められています。

　ここで、あらためてポジティブ・フィードバックとネガティブ・フィードバックに対する考え方を明らかにしておきましょう。他者の行動や取り組み方を変えるには、悪いところを指摘するのが一番良いという誤解は、一般的によく見受けられます。西洋の文化圏で育った人は特にそうだと思いますが、非常に多くの人がこうした考えをもっています。長い間、私自身も、勇気を振り絞って欠点を指摘し、それを正すべきだと主張するのが最も「正しい」フィードバックだと考えていました。

　しかし、そんな考えは大間違いでした。もし皆さんがまだ、フィードバックの中でもネガティブ・フィードバックが最も効果的だと信じているのなら、残念ながらあなたも間違っています（おっと、今のはちょっとしたネガティブ・フィードバックでしたね！）。ネガティブ・フィードバック（私たちのムーブメントでは、『改善のためのフィードバック』が望ましい名称です）も重要な役割を果たしていることは間違いありません。たとえば、誰かが、または何かが大きく道を外してしまっている場合には、極めて重要なフィードバックとなります。具体的には、誰かの行動や態度が、将来、深刻な問題を生み出しそうなときや、周りの人に悪影響を及ぼしているときなどです。水が張っていないプールに飛び込もうとしている人を見かけたら、何としてでも引き止めますよね。相手を呼び止め、話し合い、その行動が与える影響に着目し、批判するこ

となく問題点を語ります。相手のことを気に掛けているからこそ、思い切って踏み込むのです。自分の権力を見せつけたり、正しさを証明するために行うことは、フィードバックではありません。

　しかし、仕事において、同僚や上司、チームの仲間が大きく道から外れてしまうことなど、どれくらいあるでしょうか。きっとそれほど多くないはずです。ですから、ポジティブ・フィードバックにもっと思考と力を注ぎましょう。ポジティブ・フィードバックこそが、欠点の指摘よりもずっと効果的で、相手を変える力があるフィードバックなのです。ポジティブ・フィードバックは、うまくやれていることに対しては、より頻繁に、より上手に継続することを後押しし、本人の強みやパフォーマンスを磨いていきます。そして、人を勇気づける力をもっています。ポジティブなフィードバックを受け取ることで、人は元気になり、もっと頑張ろうと思えます。改善や成長、より大きな成果、インパクトのためのエネルギーを生み出すことができるのです。

ポジティブ・フィードバックは
相手を承認することでも
ありますが、承認が常に
ポジティブ・フィードバックで
あるとは限りません。

ポジティブ・フィードバックとレコグニション

　フィードバックの新定義について理解を深めてきましたが、ここからはポジティブ・フィードバックとレコグニション（承認）の違いについてみていきたいと思います。「君と働けてうれしい」といった承認の言葉を述べれば、相手を思いやって元気づけることができるでしょう。素晴らしい承認の言葉であり、こうしたことは頻繁に伝えるべきです。しかし、これはポジティブ・フィードバックとは決していえません。なぜだと思いますか。「君と働けてうれしい」という言葉は、具体的でもなければ、行動を促すものでもありません。なぜ一緒に働けてうれしいと思うのか、相手とのコラボレーションで最も価値を感じている部分は何なのかも伝わってきません。代わりに、このように伝えてみるとよいでしょう。「君と働けてうれしいよ。私の考えを取り入れて、発展させてくれるから、チームに良いマーケティングの提案を持ち込むことができていると思う」。これはポジティブ・フィードバックであり、相手への承認でもあるといえます。何を素晴らしいと感じているか、それが結果にどんな影響を与えているかが伝わってくるからです。

　私からは、この両方をもっと頻繁に行うことをお勧めしたいと思います。仲間を承認し、具体的で行動を促すようなポジティブ・フィードバックを意識的に行いましょう。どちらも、周囲の人から感謝されることでしょう。

フィードバックにおける３つの役割：
シーカー、レシーバー、エクステンダー

　フィードバックの新たな門出には、新しい定義を生み出すだけでなく、フィードバックを行う際の登場人物についても明確にし、認識を共有しておく必要があるでしょう。どんなフィードバックの場面においても、私たちは３つの役割のうちのどれかを担っていることに気がつくと思います。それは、シーカー（求める人）、レシーバー（受け取る人）、エクステンダー（提供する人）の３つです。

　それぞれ名前から、その役割は自明ですが、共通の認識をもっていることが重要です。

Seekers
求　め　る　人

シーカー：自らの能力を高め、成長するために、積極的に周囲にフィードバックを求める人。

RECEIVERS
受　け　取　る　人

レシーバー：自ら求めたかどうか、欲しているかどうかにかかわらずフィードバックを受け取る人。

EXTENDERS
提　供　す　る　人

エクステンダー：自ら積極的に、または求められて、他者にフィードバックを提供する人。

　フィードバックの場面では、誰もがこの３つの役割を状況に応じて担うため、本書の６章から８章にかけて、各役割に１章ずつを割いて、それぞれが直面する課題やその解決方法について探求してみたいと思います。まずはその前に、

それぞれ３つの役割の成功と効果の鍵を握る、フィードバックの基本理念について確認してみましょう。

FOUNDATIONS

第 5 章

フィードバック復興のための基本理念

信頼の力

　一に信頼、二に信頼。フィードバックが機能するために、信頼はなくてはならないものです。

　自分が信頼していない人やつながりを感じられない人からフィードバックを受け取ったとしたら、いくらポジティブなものであっても、ドキドキして気持ちをすり減らしてしまうことでしょう。また、自分を信頼していない人、知らない人、同じ価値観を共有できない人にフィードバックを伝えるときにも、相手の「闘争・逃走反応」を引き出してしまうでしょう。信頼はフィードバックの潤滑油であり、摩擦を起こすことなく情報を伝わりやすくしてくれます。逆に、信頼がなければ、本来フィードバックがもたらしてくれるはずの成長・改善・前進を享受することができなくなってしまうのです。

　信頼は、ハロウィーン・キャンディのように、望めば得られるものではありません。育む努力が必要で、簡単には手に入らないものなのです。信頼は、誰かとやりとりをするたびに、少しずつ、時間をかけて醸成されていきます。何か1つの出来事で突然信頼が生まれるわけではなく、大切な瞬間をいくつもつないだ経験の積み重ねによって生み出されていきます。そして、信頼は手に入れるのは難しく、失うのは一瞬です。また、本質的な信頼とは、相手に対して相互に信頼していることで成り立ちます。

信頼を構築するには、フィードバックが怖いものではなく、自分を助けてくれるものだと感じられる経験を積み重ねることが大切です。信頼を寄せている人との対話で行われるフィードバックは、良い点を指摘するものであっても、悪い点を指摘するものであっても、信頼を高めるサイクルをつくり出します。フィードバックの良い体験を増やし、恐れを感じさせる言動を減らすことが、信頼を築く上で重要になってきます。信頼があれば、皆がもっと有意義な関係を築き、互いに成長を支援し合う後押しとなるでしょう。

人に信頼を強制することはできませんが、信頼が生み出されやすい行動を取ることはできます。基本的なものを以下にご紹介しましょう。

人間らしくあること。地位や肩書、周囲からの期待にばかり目が向いていると、ただ人間らしくあることを忘れがちです。「人間らしく」というのは、どういう意味でしょうか。

- 間違いを犯してしまったら、素直に認める。
- 自分らしくいる。自分が大切にしている価値観に基づいて行動する。
- 一人の人間としてつきあう。自分が考えていることや感じていることを、相手に共有するのは悪いことではありません。自分の感情を口にする勇気をもつことで、職場内外で相手とつながりやすくなるでしょう。
- 役割にとらわれず、深刻に考え過ぎない。

有言実行を心掛ける。自分が言ったことを守れなかったり、目の前の人や状況に誠実に向き合えない人を信頼する人はいません。

- 約束をしたら守る。タスクを自分では抱えきれなくなっているなら、周りにそのことを伝える。
- 実現できないことを、できると言わない。
- 一貫性をもつ。信頼できる人でいることが大切。
- うそをつかない、隠し事をしない、大げさに言わない、煙に巻かない。

思いやりをもつ。安心できる環境でないと、信頼は育まれません。相手の反応が予測できないと、恐れが生まれ、信頼が崩れ去ってしまいます。信頼は以下のような行動から生まれます。

- 相手を励ます。

- 思いやりをもって話し、会話に批判や自己防衛、非難を持ち込まない。
- 求められたときに、寄り添う。
- 自分と同じくらい、相手が求めているものを大切にする。

つながる。信頼を築くためには、良いつながりが必要です。良いつながりをつくるためには、時間と努力が必要です。つまり、つながりを築くには、次のような行動が必要だといえます。

- 周囲の人と過ごす時間をつくる。その間は、相手に関心を寄せる。
- いつも両者が価値を感じられる方法を考える。
- コラボレーションを促し、コントロールを手放す。
- 勝手な思い込みを捨て、他者の視点やアイデアをしっかりと受け止める。

まず相手とつながる

つながりがあれば信頼が生まれやすくなり、信頼があればフィードバックが促進されます。だからこそ、フィードバックの再出発を切るにあたっては、人と人とのつながりをつくるところから始める必要があるのです。つながる瞬間瞬間を重ねていくことで、周囲との関係性を築くことができ、そこから信頼が生まれ、それが良いフィードバックが行われる健全な土壌となります。近道はありませんし、時間もかかりますが、このプロセスにこそ価値があるのです。

信頼は、人間の原始的な脳の部分で起こる「闘争・逃走反応」を抑えることができます。信頼があることで、以下のようなメッセージが発せられるからです。

- この人は敵ではなく、友である。戦う必要はない。
- この人は自分のためを思ってくれているので、傷つけるようなことはしないから逃げなくてもよい。
- 少し背伸びをして、リスクを取ったり、自分の考え、気持ちを共有したり、失敗しても大丈夫。恐れで何もできなくなったり、譲歩したりする必要はない。

人間は、非常に社会的な生き物です。私たちは、他者と関係を育むことから大きな喜びを得、孤独やつながりの希薄さを感じたり、帰属感が失われることに悲しみを覚えます（フィードバックが恐れを生む要因の1つに、つながりを失う恐怖があったことを思い出してください）。周囲の人とつながり、居心地の良さを感じられる職場であれば、健全で、信頼でき、安心・安全であるという感覚を、個人としても集団としてももつことができるようになります。そのような感覚をもつことができると、リスクを取ることをいとわず、より創造的に、努力を注ぐことができる可能性がずっと高まります。さらに、つながりと信頼があれば、他にも良いことがあります。フィードバックを自ら求めたり、提供したり、受け取る可能性までもが高まるのです。

　これで、新たなフィードバックのムーブメントをどこから始めるかが決まりました。それは、「毎日、共に働く仲間とつながること」です。上司や部下とつながるだけではなく、同僚や他部署のメンバー、顧客、その他にも仕事で協働する人ともつながりを深めましょう。日々の仕事で関わる人すべてが、自分にフィードバックをくれる存在であり、成長・改善・前進するのを助けてくれる人たちなのです。そして、あなた自身も、周囲の仲間に参考にしてもらえそうなアイデアをきっともっていることでしょう。

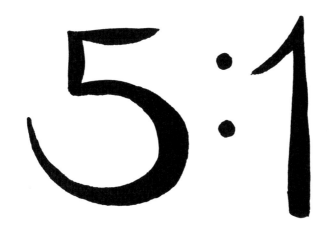

ゴットマン博士の5：1の法則

　5：1、この割合を覚えておいてください。非常に本質的で、わかりやすく、信頼に基づいたつながりや関係性を築き、維持していくための基礎となる、重要な考え方です。

　私たちは、夫婦カウンセリングや離婚率の予測で有名なジョン・ゴットマン博士（Dr. John Gottman）の研究に注目しました。40年にもわたる研究と、多くの著書から、博士はリーダーシップや集団力学、そしてフィードバックの分野にも、非常に大きな影響を与えてきました。

　博士は、ロバート・レベンソン（Robert Levenson）と共に、特定の夫婦を対象に9年間にわたる調査・研究[1]を行い、興味深い発見をしています。研究からわかったことを、簡単にご紹介したいと思います。

- 良好な関係を維持している夫婦は、そうでない夫婦とは異なる関わり方をしている。
- 「幸せな夫婦とそうでない夫婦の違いは、意見が合わないときのポジティブな言動とネガティブな言動のバランスにある」[2]
- 幸せに長続きする夫婦のやりとりは、ポジティブとネガティブの割合が5：1（あるいは、ポジティブの割合がそれ以上）になっている。
- これらを踏まえ、5：1を実践できていなかった夫婦の離婚を、90％の確率で予測することができた。

ポジティブな言動や関わりが、夫婦関係にこれほど大きな影響を及ぼすのであれば、これは職場の関係にも当てはまるのではないでしょうか。

　職場で5：1を実践してみると、どんなふうになるでしょうか。これは、伝えづらいフィードバックをごまかすために、良いことを5つでっち上げれば、無礼なことを1つ言えるということではありません。重要なのは、5：1の割合になるように、相手とのポジティブなやりとりを増やすということです。ポジティブなやりとりというのは、フィードバックの場面に限る必要はありません。一緒に行事に参加したり、近況を尋ねたり、相手の話を聞き、感謝を伝え、認めてあげたり、難しい課題に共に取り組んだりすることも、ポジティブなつながりをつくるきっかけになります。大変な日を送っている同僚の話を聞いたり、あるいは、建設的に反対意見を伝えるといった、簡単なやりとりでもよいでしょう。信頼を高める行動なら、何でもよいのです。簡単にできそうだと思うかもしれませんが、実際には、慌ただしく、多忙な日々の中で、こうしたやりとりを行える時間とやる気を見出すのは、難しいと感じる人が多いでしょう。ですから、自分のことは少し脇に置いて、人に対して心から関心を寄せたり、共感したり、つながりをもてる機会を意識して探す必要があります。このムーブメントを成功させるためには、日々小さな努力を重ねていくことが必要なのです。

　信頼、つながり、相手との関係性が、私たちに安心感を与え、それはすぐに消えることはありません。これが、新たなフィードバックの基本理念となるのです。ゴットマン博士のシンプルかつ説得力のある5：1の法則を頭に入れておくことで、ゴールに近づくことができるでしょう。

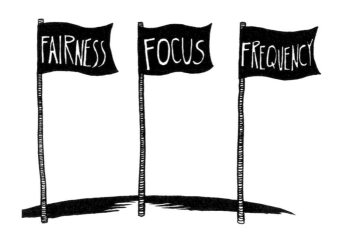

フィードバックの基本となる３つのＦ：
公正（Fairness）、集中（Focus）、頻繁（Frequency）

　どんなムーブメントにも、参画する人を勇気づけたり、目的を忘れないようにするための、呼びかけやスローガンがあります。フランス革命には「自由、平等、友愛 (Liberté, Egalité, Fraternité)」というスローガンがありました。私たちのムーブメントは、「公正、集中、頻繁 (Fairness, Focus, Frequency)」というスローガンの下、３つのＦの旗を誇り高く掲げたいと思います。

　この章では、素晴らしいフィードバックの体験には、公正・集中・頻繁の３つのＦがそろっているということをお伝えしたいと思います。この３つがそろうことで、シーカー（求める人）、エクステンダー（提供する人）、レシーバー（受け取る人）にとって安全な環境が生まれ、アイデアや提案を自ら求め、共有し、咀嚼し、探求しやすくなり、成長を促します。また、これを裏づけるデータも十分にあります。2002 年に行われたコーポレート・リーダーシップ（企業リーダー）に関する研究では、１万 9000 人の従業員に対する調査が行われ、高いパフォーマンスに最も影響を与える要因は、マネジャーが公正で正確、かつ具体的なフィードバックを行うことだとわかったのです。頻繁に部下を気に掛け、観察したことを具体的に、決めつけることなく伝えることで、部下のパフォーマンスは 39％向上しました。[3] 効果的なフィードバックにはこの３つのＦが大切になるので、１つずつ理解を深めていきましょう。

公正 (Fairness)

　最初に紹介するFは公正（Fairness）です。「そんなのずるい！（It's just not fair!）」というのは、子どもが公正に扱われなかったときに言う、万国共通の反応ですよね。公正に扱われなかったときのいら立ちは、子ども特有のものではなく、大人になってからも感じるものです。もちろん、もっと成熟した言葉を使って、「心の声」を翻訳して不平・不満を言うようにはなりますが、公正に扱われていないと感じたときの怒りやいら立ちは、根深いものです。

　公正性とは、信頼とも深い関わりがあるため、より良いフィードバックを行うためには、なくてはならないものです。公正さは相手との関係性をより強固にする一方で、公正でなかったり、足りないと感じると、一気に関係性を壊してしまうものでもあります。公正に扱われていると感じられなければ、フィードバックが機能することはありません。信頼と公正さがないと、フィードバックそのものだけでなく、それを提供する人自身が、不公平でバイアスがかかっている人に見えるため、受け取る人も防衛反応に陥ってしまうのです。フィードバックがどんなに役立つ、価値ある情報であったとしても、人の本能は自分にとって大切なものを守るため、「今すぐその場から逃げるべき」というメッセージが送られてしまいます。一方で、公正で信頼できるフィードバックの会話ができれば、「恐れ」が作動しなくなるでしょう。そして、落ち着いてフィー

ドバックに耳を傾け、理性をもって会話に集中できるような心理状態でいられ
るのです。公正なフィードバックが何度も繰り返されると、息をするのと同じ
くらい自然なこととして感じられるようになります。相手とのつながりを深め、
自らの成長や進歩、目の前にある可能性に近づくために役立つ情報を得て、会
話を終えることができるでしょう。

　公正さを保つのが難しいのは、誰もが認知バイアスの影響を受けるためです。[4]
フィードバックを提供する場合も受け取る場合も、自身のバイアスによってそ
の姿勢が変わってくるでしょう。つまり、人はバイアスによって勝手な思い込
みや決めつけを生み出してしまうのです。日々、数々の選択を迫られる現代に
おいて、バイアスは脳が素早い意思決定を行うための生存本能でもあるのです。

　「バイアス」という言葉を聞くと、極端な偏見や政治的バイアスのことを思
い浮かべるかもしれません。人種・宗教・性別などに対する偏見は、バイアス
が最悪の形で現れたものであり、誰であっても、認知バイアスが重なると、も
のの見方に影響が生じ、間違った考えを生み出してしまうということを認識し
ておくことが重要です。ネガティブ・バイアスによって、私たちのフィードバック
の受け取り方が左右されることについては、すでに取り上げました。確証バイ
アスも、フィードバックを脅かす危険なものです。自分の見方を裏づけ、証明
できるような情報を探し求め、逆に自分の意見と相反する情報を軽視したり、
見ないようにしてしまいます。その他にも、直近効果、ハロー効果、ポジティ
ブ・バイアスなどがよく知られています。そして、私が最近注目しているのが、
バイアスの盲点と呼ばれるものです。これは、自分は周囲の人と比べてバイア
スが少なく、公正な意見をもっていると考えてしまう傾向のことをいいます。
ウィキペディアで調べてみても、ざっと200以上の認知バイアスがあり、そ
れらの多くが公正なフィードバックの妨げとなってしまうことは、想像に難く
ないでしょう。

　人はバイアスから逃れられると思いますか？　もし逃れられると思うなら、
それは間違いです。どんなに相手のためを思ってしている行動でも、バイアス
の影響から逃れることはできないのです。では、さまざまなバイアスから逃れ
られない私たちが、どうしたら公正さを実現することができるのでしょうか。
探求しがいのある問いですよね。この問いにどう対応したらよいのか、詳しく
はもう少し先のセクションで考えてみたいと思いますが、ここでは以下のこと
をご紹介しておきましょう。

- まず、人にはバイアスというものがあることを認め、バイアスに対する意識を高め、自らの思考にどう影響しているのか理解することから始めます。
- 安全な環境で行われるフィードバックは、勝手な思い込みや決めつけなしに、提供したり、受け取ったりすることができます。
- フィードバックが探求的な対話として行われると、バイアスの効果を最小限に抑えることができます。探求的な対話とは、自分が見たり、経験したことに基づいて、オープンで率直な意見を交換し合うことです。
- 最後に、周囲に目を向け、より多くの意見を歓迎するとよいでしょう。複数の情報源が存在することで、人間がもつバイアスのかかった思考に対抗することができるのです。

集中（Focus）

　フィードバックの２つ目のＦは、集中（Focus）です。つまり、的を絞り、具体的で、簡潔にフィードバックを行うことです。スケールの大きなことは、細かく分けて伝えるのが一番です。言いたいことが多すぎるのは好ましくありません。一番伝えたいことだけを伝えないと、受け取る相手の脳がシャットダウンし、フィードバックが耳に届かなくなるでしょう。

　焦点を絞ったフィードバックは、消化しきれないほどの批判を一気に飲み込もうとする年度末の評価面談というよりは、ポジティブなエネルギーと可能性のつまみ食いのようなものです。尊敬すべきセス・ゴーディン（Seth Godin）氏の「つまみ食いこそが学習」という言葉が、私は大好きです。フィードバックも同じで、簡潔で、具体的かつ行動に移しやすい一口サイズの情報として、焦点を絞っているものが最も良いフィードバックです。事前に予定されたフィードバックにも、その場で偶発的に起こるフィードバックにも、この「集中」が大切です。小さくても、気づいたときにその場で感謝したり、相手の良さを認めたり、方向修正を促したり、コーチングができれば、研修や自己啓発セミナーに参加したり、評価面談で昨年あった良かったこと・良くなかったことの振り返りに何時間も割くより、もっと効果的にパフォーマンスを高めることができるはずです。

頻繁（Frequency）

　公正（Fairness）と集中（Focus）がフィードバックを動かすガソリンであるとしたら、3つ目のF、頻繁（Frequency）はアクセルといえるでしょう。頻繁に話をすることで、それが「あなたのことを気に掛けている。あなたの仕事ぶりは素晴らしく、周囲にも認められている。大事な存在だと思っている」というメッセージとなり、フィードバックの内容がより相手に伝わりやすくな

るのです。それだけでも、受け手の姿勢がより前向きになるでしょう。加えて、情報共有や相手との関係性などにおいて、ポジティブな効果も得ることができます。先に触れた、コーポレート・リーダーシップに関する研究では、部下のパフォーマンスについてよく知っているマネジャーは、そうでないマネジャーと比べて30％もパフォーマンスが高いことが明らかになっています。30％ものパフォーマンスの違いというのは、大きな差となるでしょう。

　頻繁なフィードバックが効果的であるのは、それが日常的で、かつ偶発的に行われるからです。仰々しかったり、大げさ過ぎたりせず、気づいたことを簡単に共有するだけで、フォーマルでたまにしかない会話よりも、大きな効果があるでしょう。世界中の多くの組織が、年に一度の評価サイクルを見直し、より頻繁で継続的なフィードバックを基本とした、目的志向のコラボレーションにシフトする中で、パフォーマンス向上の効果を実感しているのです。

　頻繁といっても、どれくらいの頻度であれば頻繁と呼べるのでしょうか。研究では、最低2週間に一度のインフォーマルなフィードバックがよいといわれています。フィードバックが日々の仕事の一部になってしまえば、もっと大きな効果が得られるでしょう。それだけ時間を割く価値があるのです。頻繁にフィードバックを行えば、相手との関係性が良くなり、学習の質が高まります。また、頻繁に行うことで脳神経のつながりが強化され、より良いフィードバックの対話が行えるようになるのです。

気づきのアート

　私たちが、この本を読む皆さんに実践していただきたいと願っているのは、たった1つです。フィードバックに対するバイアスを強化するような研修や講義、記事や苦い経験を清算し、たった1つのことにエネルギーを注いでほしいのです。それは、「気づく」ことです。形式的な面談や評価から、よりリアルで身近な「気づく」ことに注力するのです。このことは、私たちのムーブメントにとっても重要であるため、私たちの美学として、「気づきのアート（Fine Art of Noticing：FAN）」と呼ぶことにしました。

　公正（Fairness）、集中（Focus）、頻繁（Frequency）の3つのFの旗の下に実践するFANは、大きな効果を生みます。「気づく」というのは、思い込みや判断なしで、見たままを観察することです。自分自身や周囲の仲間、行動について、思い込みなしに関心をもってみると、感情的になることなく、その人や物事のありのままを見ることができるのです。Dictionary.com（訳注：オンラインの英英辞書サービス）では、「Observe（観察する）」という言葉は、こんなふうにシンプルに定義されています。「何かを理解したり、学ぶために、注意深く関心を寄せること」。世界を変える力のある考え方が大概そうであるように、驚くほど単純な定義ですが、そのアートを極めることができれば、フィードバックを変えることができるでしょう。FANはアート（芸術）ですから、職人技を磨くように練習を繰り返すことが必要です。まずは試してみて、そこから学び、うまくこなせるようになり、息をするのと同じくらい自然に、決めつけることなく観察できるよう、新しい神経回路をつくり出すのです。

　ここでは、気づく力を育むための10の誓いを提案します。

F.A.N.
(Fine Art of Noticing：気づきのアート)
10の誓い

1. 関心をもつことは、自分と相手が理解を深め、学び、成長することであると信じます。

2. 判断を保留して観察し、明確で、事実に基づいた気づきを共有します。

3. 誰かから見聞きしたことや勝手な思い込みではなく、自らが経験したことを重視します。

4. そのときそのときを大切にし、今この瞬間と、その場で起きていることに集中するように心掛けます。

5. 実践においては、公正(Fairness)、集中(Focus)、頻繁(Frequency)の3つのFを取り入れます。

6. 立場、権力、役職に関係なく、一個人として関心を寄せます。

7. 周囲の人に対しても、また自分自身にも、「気づきのアート」を実践します。

8. すべてがうまくいっていなくても、周りで起こっている小さな変化を見出します。

9. 常に相手に耳を傾け、関心を寄せます。

10. 未来や可能性に目を向けます。自らの気づきをどのように生かしたら、皆で現実に目を向け、学ぶことができるのかを考えます。

　気づきのアートを取り入れるのと同じくらい大事なのが、私たちが手放すべき負の遺産や苦い経験を認識しておくことです。FAN を実践すれば、フィードバックはもはや 6 カ月前からため込み続けたものを長々と吐き出す、なんとも居心地の悪い面談ではなくなります。うまくいったこと、いかなかったこと、強みや弱み、良かったこと、良くなかったこと、そんなリストは必要ありません。評価で ABC といったラベルを付けたり、メンバー同士を比較して順番づけするといったことも、やめてしまいましょう。無記名の 360 度評価も必要ありません。そして、言いにくいことを別の人を通して伝えようとしたり、給湯室でうわさ話をすることもきっぱり終わりにします。フィードバックにおいて、シーカー、エクステンダー、レシーバーの間には、力の差があってはいけないのです。これまでのやり方や古い考え方、そして、良かれと思っていても、相手が成長するための心理的安全や信頼のある場をつくり出せないような、これまでのやり方や古い考え方には、別れを告げるのです。

　これほどたくさんのものが必要ないのです。これまでの考え方ややり方を手放すとなると、不安に思うかもしれません。特に、そのほとんどが良しとされ、求められる世界で生きてきた人ばかりでしょうから無理もありません。しかし、新しいフィードバックのムーブメントを引っ張っていくためには、慣れ親しんだものに背を向け、より良い方法や習慣を取り入れる勇気をもつことが大切です。

CONNECT：つながりを生み出す会話のヒント

ここまでご紹介してきたことを、すべて踏まえて実践するのは難しいですよね。公正・集中・頻繁の3つのFを意識しながら、FANの10の誓いを守っていくのは簡単ではありません。自分がもっているバイアスに注意を払い、次に何を、いつ言うのがよいのか考え、明確で的を絞った会話を始め、しかもそれを形式張らずに自分らしく、本質的で…なんてことは、到底無理だと思うかもしれません。「こんなことなら、良いフィードバックをしようなんてことはやめて、避けて通る方法を考えればよいのでは？」とさえ考えてしまいます。私がコーチングを行っている役員レベルのクライアントでさえも、恐れを手放して、新しいフィードバックの取り組みをしようとすると、尻込みしてしまう人もいます。私たちは、まさにそうした経験から、「CONNECT」という簡単な会話ガイドをつくることにしました。皆さんが誰かにフィードバックを行う際に、何を言うかを考えたり、準備を整えるのに役立ててみてください。もともとはフィードバックを提供するエクステンダーに向けてつくられたものですが、フィードバックの会話を構造的に考えたり、計画するのに役立つモデルでもあると思います。シーカーやレシーバーにあたるクライアントからも、あまり慣れていない人から声を掛けられた際に、湧き上がる闘争・逃走反応を抑え、フィードバックを受け入れるのに役立ったという声がありました。

Laura

CONNECT

CONTEXT
背景共有

フィードバックの背景を明らかにしましょう。

- まず、フィードバックをしてもよいかどうかを聞きます。
- フィードバックの意図を共有します。
- 何についてのフィードバックかを明らかにします。
- 観察した状況や出来事を具体的に説明します。

ONE THING
1つに絞る

最も話し合いたいことだけに集中しましょう。

- フィードバックを消化できる量に絞ります（つまり、1つだけです）。
- 最も重要なことだけに焦点を当てます。
- フィードバックをいくつも畳み掛けることはしません。
- 表面的な褒め言葉で、お茶を濁しません。

NOTICE
気づきの共有

自分が観察した事実を語りましょう。

- 自分が見た相手の行動やその場に居合わせたときの状況を、具体的かつ明確に共有します。
- 批判したり、恥をかかせるなど、個人的な意図や思い込みを挟まないようにします。

NO G.R.I.T.*
陰口なし

うわさ話、デマ、陰口、言いづらいことを第三者に伝えてもらうのは避けます。

- 思い込みや決めつけをせず、自分が知っていることを話します。
- 皆、善意のもとに行動していると思うようにします。

EFFECT
結果

本人の行動の結果として、どんな影響が生まれているかを伝えましょう。

- フィードバックを受け取る本人や周囲の人（自分や同僚、組織、お客さま）に、どんな効果や影響を与えているかを話します。
- 自分が思ったこと、感じたことも伝えます。
- 何かを要求したり、相手に恥をかかせたりすることのないよう、今後期待したい行動や状況を共有します。

CONVERSATION
対話

共に話し合い、新しいやり方を試し、探求し、学び、将来の計画を立てましょう。

- 顔を見て話し合います。直接会って話をするか、でなければ、少なくともビデオ会議を使って話します。
- 正解を教えるのではなく、共に学び合う姿勢で臨みます。
- 互いの意見に耳を傾け、理解するように努力します。
- 問いを投げかけ、探求を広げます。
- 急いで行動に移そうとしません。

TRUST
信頼

信頼関係を築き、深めましょう。

- 次に会うタイミングを決め、対話を継続できるようにします。
- 次のステップを話し合って、具体的に決めます。
- 前向きな対話を行うたびに、関係の質が高まることを意識します。
- 時間と実践を重ねていけば、より落ち着いて、自然で、説得力のあるフィードバックが可能になります。

*　G.R.I.T：うわさ話 (Gossip)、デマ (Rumor)、陰口 (Inuendo)、言いづらいことを、第三者に伝えてもらうこと (Triangulation) の略

CONNECT の例 1：エイプリルが、マニュエルに前向きなフィードバックを提供します

背　景　共　有	
「マニュエル、クライアントから先週のあなたの仕事ぶりについてすごくいい話を聞いたんだけど、今話してもいい?」	√ エイプリルが前向きなフィードバックをしようとしていることが、マニュエルにもわかります。 √ 本題に入る前に、フィードバックをしてもよいタイミングかどうか確認しています。

1　つ　に　絞　る	
「あなたが取り組んでいる新しい教材用のイラストのことなんだけど……」	√ 新しい教材用のイラストという、話し合いたいテーマが明確に示されています。

気　づ　き　の　共　有	
「最後の6ページにあるイラストが、直近の顧客満足度調査で、お客さまのお気に入りに認定されたそうよ。『イラスト版フォント』が特に人気だったみたい」	√ 行動やスキル（この場合、イラストを描くこと）が明確になっています。 √ エイプリルは、顧客の反応について事実を述べています。 √ 顧客が気に入ったイラストについて、詳細まで具体的に共有しています。

陰　口　な　し	
「お客さまの要求にすべて答えながら、自分らしい味も出せていて、オリジナリティがあったと思う」	√ マニュエルの作品を、仲間の作品と比べたり、相対化せずに、認めています。

結	果
「そのアプローチのおかげで、最高の顧客満足度を獲得することができたし、ぜひ会社のウェブサイトに載せたいと思う。今回のような良い作品がたくさんできれば、あなたがわくわくするような仕事がもっと舞い込んでくるはず。あなたが周囲からこんなに認められるのを見ると、私も誇らしく思うわ。あなたも同じように感じてくれていたらうれしい」	√ 今の素晴らしい仕事ぶりと、それが将来どんな影響を及ぼすかについても共有しています。 √ 今回の素晴らしい仕事ぶりによって、今後もマニュエルがやりたい仕事が増えるだろうと伝えることで、今後、彼にとってどんな良いことがあるのか、明確になっています。 √ エイプリルは、マニュエルへの前向きなフィードバックによって生まれた感情についても触れています。そうすることで、2人の関係の質が高まっていきます。

対	話
エイプリル「素晴らしいわ。これを聞いた感想を教えて」 マニュエル「ありがとうございます。チームの一員として、この仕事に携われてうれしいです。他にも具体的なフィードバックがあったら教えてください。他のイラストはお客さまに満足いただけたのか、微修正したほうがいいのか、知っておきたいと思います。そして、こんなプロジェクトがあったら、また参加したいです。同じような機会があったら、担当できそうかどうか教えていただけますか」	√ エイプリルは、マニュエルがフィードバックに対して反応できる機会をつくっています。 √ マニュエルは、グロース・マインドセットかつ未来志向で仕事に取り組んでいることを、エイプリルに知らせています。

信	頼

エイプリルからのフィードバックに刺激されたマニュエルが、自身の情熱と強みを発揮できるこのような機会にさらに興味が湧いたと伝えることで、2人の関係性や信頼が強くなっていきます。

CONNECT の例２：マックスが、シャーリーンに改善のためのフィードバックを提供します

背　景　共　有	
「シャーリーン、木曜日の貨物輸送スケジュールのことについて話したいんだけど。スケジュールが遅れていて、いくつか締め切りを過ぎていると思うんだ。明日の午後４時から、もう少し詳しく話せる時間をもらえないかな?」	√ マックスは事前にミーティングの予定を調整しています。 √ 話し合いのテーマ（今回は、貨物輸送のスケジュール）や、課題（期限超過）も明らかです。

１　つ　に　絞　る	
「スケジュールが遅れていて、いくつか締め切りが過ぎていると思うんだ」	√ 締め切りが過ぎているという点1つに絞っています。 √ ミーティングで何の話をするのだろうと、シャーリーンが心配しないように、事前に明確に伝えています。

気　づ　き　の　共　有	
「追跡レポートを見ると、木曜の貨物輸送のスケジュールが４時間遅れていて、我々のチームからその遅れが生じているようなんだけど。この情報が正しいかどうか、教えてくれる?」 「締め切りが過ぎてしまいそうなときは、早めに連絡を取り合おうと話し合ったと思うんだけど」	√ マックスは現時点で得ている事実を話しています。念のため、シャーリーンにも確認をしています。 √ マックスが批判的に話している場合はこんなふうになるでしょう。「なんて大きなミスをしてくれたんだ。早めに連絡を取り合おうと約束していたはずなのに」

結	果
「締め切りを過ぎているのがわからなければ、私が対応することもできない。その結果、チーム全体の遅延と評価されて、罰金を払うことになるんだ。そんなことが起きれば私は悔しいし、きっと君もそうだと思う。君がこのプラントで最も仕事の早いチームになることを目標にしているのを、私も知っているから。どうしたらその目標を達成できるようになるか、話し合おう」	√ 行動の結果として、遅延の評価と罰金が発生することに触れられています。 √ 課題を指摘し続けるのではなく、すぐに今後実現したい状態（このプラントで最も仕事の早い社員になること）に触れています。

対	話
マックス「何があったのか、また同じことが起きないようにするにはどうしたらよいと思うか、教えてくれるかな」 シャーリーン「締め切りが迫っていることはわかっていましたが、間際でトラブルが発生して、想定外の遅れに発展してしまったんです。申し訳ありません。思い返してみると、遅れる可能性があることをもっと早く知らせておくべきでした」	√ シャーリーンが、そのとき何が起きていたか、何を考えていたのか、自由に話してもよいのだと感じられると、問題の真因について語ることができます。 √ 今後取るべき行動を、シャーリーンと一緒に考えられると、より良い結果を導くために必要となる行動変容に、自ら取り組んでくれるようになります。

信	頼

マックスとシャーリーンは、共に考え、今後締め切りに遅れそうなときには、早めに声を掛け合うことを決めました。シャーリーンはミスの責任を感じながらも、安心して対話に臨むことができました。マックスは、シャーリーンに恥をかかせるためではなく、今後助けが必要なときには声を上げてもらえるようにするために、話しにくい課題についても話し合うことにしました。こうして、2人の関係性や信頼はさらに高まりました。

Seekers

自らの能力を高め、成長するために、
積極的に周囲にフィードバックを求める人

第6章

フィードバックを自ら求めるシーカー

より良いフィードバックの実践を広げるムーブメントを育てていくにあたって、まずフィードバックを自ら求める「シーカー」を募りたいと思います。最初に結論を言ってしまえば、シーカーは従来のフィードバックを刷新したいと感じている誰もが担うことができる、最も重要な役割といえます。それはどうしてなのでしょうか。ムーブメントとは、いつも内発的に始まるものだからです。つまり、「自分自身から」です。何でも知っていることがよいのではなく、知らないことも自ら知ろうとすること、知っていることを誰かに言うだけでなく、自らが学ぼうとすること、こうした姿勢こそが大切なのです。

フィードバックを与えるより、求めることを重視する組織では、パフォーマンスの向上やグロース・マインドセットの傾向が現れ、効果的な意思決定を行ったり、より強く、しなやかなチームを生み出すということが研究から明らかになっています。[1]

シーカーであることには、以下のようにたくさんの利点があります。

- 信頼関係を効果的に醸成します。フィードバックを求めることは、謙虚さや相手の意見を大切にしていることを表します。
- フィードバックを自ら求めるほうが、求めないで受け取るときよりも、自己決定感や主体性が高まります。
- 自ら求めてフィードバックを受け取ると、その後、実際の行動に移す可能性が高まります。

- 自ら目的をもって求めることで、目的に沿った情報に集中することができます。
- シーカーは、受け取るタイミングや状況を自ら選択できるので、対話を行う「心」の準備を整えることができます。
- このムーブメントを始める最高のやり方は、周囲の人にフィードバックを求めることです。(リーダーやマネジャーなら、まさに実践する良い機会です！)

　シーカーとして初めに取り組むべきは、周囲の人とつながりをもち、自らの学習や成長を支援してもらえるような信頼関係を築くことです。まずはそこにねらいを定めましょう。経験したことのない領域のスキルを身につけたいのだとしたら、そのスキルをもっている人に依頼して、フィードバックを求めることもできるはずです。こんなふうに聞いてみるとよいでしょう。「何から始めるとよいと思います？　それができるようになるには、どんな経験を積むのが効果的ですか？　このままの方向で進んでいってもよさそうでしょうか？」
　場合によっては、より複雑な状況についてフィードバックを求めるかもしれません。たとえば、職場での人間関係に悩んでいるとしたら、自分自身の職場での振る舞いが、周囲の人にはどのように見えているか、自分では気づかなくても、相手が気になっている言動があるかどうかといった、自分と一緒に働く中での体験などを聞いてみるとよいでしょう。いずれにしても重要なのは、あなたが質問をすることです。そうすれば、対話に集中し、受け取った情報をどのように扱うかを決めることができます。自分に主導権があることで、その場に主体的に臨めるはずです。

つながりをつくる

　本書をここまで読んでいただいて、フィードバックが機能するために、相手
とつながりをもつことが必須であるのは、すでに理解いただけたかと思います。
シーカーにとっても、質の高いフィードバックを受け取り、相手との関係性を
強固なものにするために、つながりは重要なものです。

　人はフィードバックを受け取るのと同じくらい、フィードバックをするのも
好まないということが、複数の研究からも明らかになっています。エクステン
ダー（提供する人）は、主導権を握っていると思われがちですが、求められる
ことで逆に恐れを感じてしまうこともあるのです。そこで、フィードバックを
求める際に気をつけたい、3つのステップを紹介したいと思います。

1. 相手との関係性を育ててから、フィードバックを求めるようにします。信
   頼関係をベースに求めることが重要です。
2. 背景を共有します。なぜフィードバックが欲しいのか、なぜ相手のフィー
   ドバックが自分の役に立つと思うのかを伝えるようにします。
3. 相手がフィードバックしやすくなるようなテクニックを使います。自分が
   どんなフィードバックを求めているのか、的を絞って伝え、それについて
   気づいたことを相手に話してもらうようにします。

　関係性を築き、自分の期待を理解してもらうことができたら、相手も安心、
かつリラックスして、エクステンダーの役割を担ってくれるでしょう。自ら
フィードバックを求めることは、相手とのつながりをつくり、その後も続く信
頼関係を築くためのきっかけになるでしょう。さぁ、実践しましょう。そうす
れば、きっとわかるはずです。

リーダーから始める

　リーダーの皆さん、皆さんは CEO かもしれませんし、部長、ディレクター、チームリーダー、プロジェクト・マネジャーかもしれません。部下を何千人も束めている人もいれば、1、2名という方もいらっしゃるでしょう。肩書や部下の人数にかかわらず、皆さんがもしリーダーと呼ばれる存在であるなら、ぜひ知っておいてほしいことがあります。

　30 年にわたる研究から、変化にはリーダーシップが最も重要な要素だということがわかっています。リーダーが意志をもって全力で取り組むところに変化が生まれ、そうでない場合には失敗に終わることも多いものです。このことを心に留めて考えてみると、組織のカルチャーや、そこにいる人々の行動および習慣を変えるためには、リーダー自身が率先してその変化を体現している姿を、周囲に見せる必要があるのです。

　形式張ったメールや年次ミーティングで、フィードバックの大切さを語っているだけでは、リーダーシップとはいえません。新しい行動や習慣を自ら取り入れ、これからつくっていきたいカルチャーを体現してみせることこそが、リーダーシップです。自らが語っていることを実践するのがリーダーなのです。この意志をもったコミットメントを侮ってはいけません。リーダーになったその日から、諦めずにやり抜くのがリーダーの仕事といえるでしょう。うまくいかない日もきっとあるでしょうが、そんなときには周囲の人にフィードバックを求め、自分では意識していなかった言動に気づいたり、素直にそれを認めたり、失敗したときにも方向転換できることが、メンバーからの信頼を得られる良いリーダーになるために重要になります。これはつまり、フィードバックのアプローチ方法にフィードバックをしてもらうということです。

　このムーブメントの成功は、シーカーにどれだけ価値を置けるか、そして、シーカーをどれだけ増やせるかということにかかっています。皆がフィードバックを求めるようになり、シーカーがこのムーブメントを引っ張っていくのです。自らフィードバックを求めるのが当たり前の環境をつくり出すことが、これから生み出していきたい、本質的なカルチャー変革へのきっかけとなるでしょう。

　本質的なカルチャー変革を促すためにリーダーがすべきことは、当たり前に聞こえるかもしれませんが、リーダーシップの発揮です。まだ誰も実践していな

くても、自ら率先して、フィードバックを求め続けるようにしましょう。目指すゴールを周囲に共有し、彼らの視点から意見を述べてもらい、皆もシーカーの仲間になるように促してみましょう。こうした行動は、この本を通して生み出したいムーブメントの大きな追い風となるだけなく、自分がどんなリーダーであるかを、周囲に示していることにもなるでしょう。さらには、フィードバックから得られた情報が役立ち、自らの成長の糧となることが、最大のメリットとなります。

　リーダーが率先してフィードバックを求めるべき理由には、こんなものがあります。

- 周りの人と、新たな信頼関係を構築することができます。また、すでに関係を築いている人とは、それをさらに深めることができます。
- リーダー自らが他者の意見を求めることで、相手の中に生まれる恐れが和らぎます。
- 完璧な人などいないのだから、自分もチームメンバーも間違いや苦手なことがあってもよいのだということを、周囲に伝えることができます。
- 良いことも悪いことも、リーダーには話しても構わないのだという前例をつくることで、メンバーは安心し、リーダーは気づきが得られるようになります。
- より高いリーダーシップを発揮することができます。（第2章で参照したフォークマンとゼンガーの研究では、フィードバックを求める行動が上位10％であったリーダーは、リーダーシップ全般においても上位のスコアを示していました）

自分自身をよく知る

　安心・安全な環境があると、質の高い対話が可能になります。これは、フィードバックを求めるシーカーだけでなく、提供するエクステンダーにとってもそうです。安心・安全な環境があれば、シーカーは構え過ぎることなく、ありのままでいることができ、そしてエクステンダーもより率直に伝えることができるようになるでしょう。少し時間を取って、自分が大切にしていることや、自分が安心してフィードバックの場に臨むために必要なことは何かについて、考えてみてください。以下にご紹介するような、簡単な「フィードバック・ガイド」に書き留めておき、フィードバックを求める相手に共有するとよいでしょう。こうすることで、相手も何に気をつければよいかがわかり、不安が減るでしょう。フィードバックにおける自分の志向性がより明確になってきたら、この「フィードバック・ガイド」をアップデートし、都度、周囲の人と共有するようにします。そうすることで、自分の周りにフィードバックに協力的な人のネットワークが生まれていくのです。

私のフィードバック・ガイド

最近、私が力を入れていることは…	
今向き合っている課題を1つ挙げるとしたら…	
私にフィードバックをする際、このように伝えてくれると、今後に生かしやすくなります	
こんなとき、フィードバックが受け取りづらくなります	
こんなとき、自分が大切にされていると感じます	
最後に1つ、伝えておくとしたら…	

リセットする：役割を変えるときには……

　もし「私のやり方が気に入らないなら、それで結構」などと、すぐに厳しい判断を下したり、率直すぎる意見を言ってしまうタイプの人が、急に謙虚に誠実な態度で、自分の仕事ぶりについてのフィードバックを求めたとしたら、周囲の人はきっと驚いてしまうでしょう。そんなときは、まずは信頼関係を築き、自分がシーカーへと変わろうとしていることを相手に伝えて、地ならしを行う必要があります。そのためには、過去の間違いを認めたり、周囲の人への接し方をどのように変えようとしているのかを伝えることなどが有効でしょう。しかし、あまりやり過ぎないことも大切です。小さく始めることを心掛け、周囲の声に耳を傾けたり、率直な意見を伝えることがおろそかになってしまったときには指摘してもらうなど、仲間からの協力を得られるようにするのです。自分から周囲の人を信頼することで、周囲も安心してあなたを信頼してくれるようになるでしょう。

カッコよく「求める」

　シーカーの皆さん、フィードバックを自ら求めるときには、思い切って、カッコよく求めましょう。そうすれば、自分自身がこのムーブメントの手綱を握り、目指す方向に進むことができるでしょう。カッコよくフィードバックを求める際には、この４つのヒントを参考にしてみてください。

　事前に伝える。求めている情報を得るためには、相手にそれをあらかじめ伝えておくことが最も効果的です。フィードバックをするエクステンダーにとっても、こちらがどんな情報を欲しているのかが明らかになり、答えを考える時間を準備することになります。また、事前に知らせておくことで、突然フィードバックを求められて、エクステンダーが気まずい思いをすることもなくなるため、フィードバックの質も高まることが多いでしょう。

率直になる許可を与える。フィードバックを求めるときには、相手に偽りなく、率直な意見が欲しいということを、エクステンダーに伝えるようにしましょう。これまでにも見てきた通り、人は本来フィードバックをするのが好きではありませんが、本人からの許可があれば、恐れや不安を感じることなく、率直なフィードバックを伝えることに自信がもてるようになります。それは、許可を与えることで、相手と心理的な契約を結んでいるからです。フィードバックを求める人は、なぜ、どんな情報を求めているのかを詳細に伝えることで、相手が率直に話す権利を提供しているのです。あらかじめ適切な文脈と明確な期待が伝わっていれば、フィードバックがうそ偽りなく、リアルで、相手との信頼関係を深めるものになるでしょう。

注意して見てほしい点を伝える。ある分野の特定のスキル、または特定の状況を改善しようとしている場合、自分の代わりに、注意して見ていてもらえるように依頼しましょう。どんなフィードバックを求めているのか、どのタイミングでフィードバックをもらいたいと考えているのか、相手に伝えておくようにします。その際、気づいたことを、できるだけ具体的に話してもらえるようにお願いしておくとよいでしょう。

選択する。フィードバックの基本である、公正、集中、頻繁の３つのＦが実践されてさえいれば、あなたは貴重な情報を手にしていることになります。そのフィードバックを踏まえて、次にどんな行動に移すのかを選択するのはあなたです。フィードバックを求めることで、自ら選択することができるようになるのです。

　最後に、フィードバックを自ら求める行為は、自分自身の感情を乱すきっかけとなる「トリガー」を作動させないようにするということでもあります。エクステンダーに対して、準備を整える時間を与えているだけでなく、自らが状況をコントロールし、感情が爆発するスイッチを押さないように四苦八苦するような状況を避けることができるのです。簡単にできることではありませんが、自分を「認めさせたい」というモードから、「成長したい」モードに切り替え、毎日自分と共に働く仲間にフィードバックを求めることができれば、まったく違う世界が見えてくるでしょう。

質問の的を絞る

　シーカーとして、フィードバックを求める際にまずすべきなのは、自分にとって最も役立つように、対話の焦点を定めることです。これが最も優先すべきことである理由として、以下の2つが挙げられるでしょう。

- 「私って、どうかな？」といったような、漠然とした問いかけをすると、エクステンダーに恐れの感情が生まれやすいことが、研究からわかってきています。相手のストレスを下げる最良の方法は、具体的で、的を絞ってフィードバックを求めることです。たとえば、「今日、私がITチームに対してプレゼンをするとき、どれくらいアイコンタクトができているか、見ていてもらえる？　それから、部屋を行ったり来たりして歩き回る癖も直したいと思っているので、今日のプレゼンではどうだったか、後で教えて欲しい。この2点がうまくいけば、プレゼンの内容がより伝わりやすくなると思うんだ」といった具合に。
- 的を絞ってフィードバックを求めることができれば、シーカー自身もエクステンダーも、有意義で状況に即した情報を得ることに注力しやすくなるでしょう。的を絞って求めることで、フィードバックの方向性を定め、導くことができ、自分が求めている情報を得ることができるのです。エクステンダーは、明確な要求に応えることができるため、的確なメッセージを伝えることができます。こうすれば、エクステンダーは、求められてもいないアドバイスを提供して、時間を無駄にすることがなくなりますし、シーカー自身も長いフィードバックのリストから自分が求めるものを探し出さなくてよくなるでしょう。

　フィードバックの的を絞ることが最優先ではありますが、時には思い切って、信頼のおける仲間に、自分では気づかないような改善点について聞いてみるのもよいでしょう。大事なことに耳を傾けなかったとか、あるプロジェクトの締め切り前に、もっと注力すべきだったところをそうしなかったとか、周囲の仲間が気づいたことを尋ねてみます。自分が重視しているスキルについてのフィードバックだけでなく、自分が見逃してしまっていたことについてのフィードバックも受け取ることができ、2倍のメリットがあるでしょう。

　具体的なフィードバックを求めることが、このムーブメントを大きくするのだと覚えておきましょう。あなた自身の言動がお手本となり、周囲の人がフィードバックを求めるきっかけとなり得るのです。

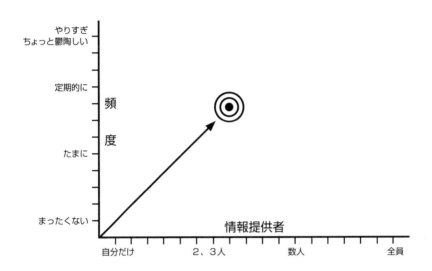

情報提供者が多いほど、学習が起こりやすい

　フィードバックをくれる人が多ければ多いほど、そこから得られる学習や気づきも多くなります。さらに、多様な人からフィードバックを受け取ることで、仲間一人から、つまり１つの視点からのフィードバックに比べて、よりリアリティに近い形で、自分の仕事ぶりを見直すことができるようになります。何かしらの課題に取り組んでいるとき、もっと高いパフォーマンスを発揮したいとき、一段上のスキルを身につけたいとき、より良いリーダーを目指しているときには、複数の立場から多様な視点を集め、フィードバックの公正さや正確さを保つことが有効です。

　もちろん、仲間に対して「どうしたらいいのか、教えてくれ！」と叫び回れと言いたいのではありません。落ち着いて、具体的に、的を絞ったフィードバックを、（できるだけ事前に依頼し）多様な人から求めましょうということです。

フィードバックを求める相手は、これまで自分にはない考えを提供してくれた人や、時には自分の仕事ぶりに対して、厳しい目を向けてくれた人などがよいでしょう。自らのコンフォート・ゾーンから出て、受け止めづらいことも言ってくれそうな人にフィードバックを求めることができれば、想像以上の結果（または、想像しなかったようなパフォーマンス）を生み出せるかもしれません。成長するために、自分とは異なる意見を歓迎できれば、多くの場合、良い意味で想定外の結果に出くわすことになるでしょう。

　私はピア・フィードバック（同僚同士のフィードバック）が大好きです。その理由として、以下のようなものがあります。

同僚同士であれば、互いをよく知っています。共に働く仲間は、毎日近くで仕事をしているため、互いのことを最もよく理解し合っているものです。調子の良い姿も悪い姿も見せ合い、成長・前進しようとする過程で立ち向かう、さまざまなチャレンジについても、よく理解してくれる仲間なのです。

フィードバックを実践するカルチャーづくりを加速させます。同僚同士のフィードバックを奨励するということは、チーム内でメンバー同士が互いに認め合うことを促したり、職場に活力をもたらし、エンゲージメントや生産性を高めることにもつながります。最近、グロボフォース社（Globoforce）が行った研究では、同僚同士で承認し合うと、マネジャーのみに承認される場合に比べて、業績が約36％高まることがわかりました。[2] 従業員がマネジャーのみから承認やフィードバックを受け取る場合、一人分の視点しか受け取ることができず、それが真実であるかのように聞こえてしまいます。たくさんの人が会話に参画し、誰もがフィードバックを促進するカルチャーをつくっている意識をもてれば、多様な視点を取り入れることができるようになるのです。

多様性がバイアスを減らします。多くの人の意見を取り入れると、インクルージョン（包括、包含）を促すことにつながり、より広く、多様な視点をもたらしてくれます。意見を取り入れる人の数が増えると、個人がもつ無意識のバイアスの影響を減らすことにつながるのです。

一口サイズがちょうどよい

　ここまで読んでおわかりいただいている通り、本書では、的を絞ったフィードバックを頻繁に求めることをお勧めしています。ただし、消化しきれないほどの量を求めることはお勧めしません。これから注力したり、改善しようとするスキルやテーマ、行動が、自らの成長に有意義であることは必要ですが、同時に、適度な期間内に進歩を感じることができる程度の量であることも大切です。そして、注力するものは、1つに絞ります。一度に複数の課題に注力してしまうと、うまくいく可能性が低くなり、ストレスを感じることになるでしょう。やる気満々のゴルフ・コーチに、安定したスイングのやり方を教えてもらっている様子を想像してみてください。「頭を下げて、振りかぶり過ぎず、肩と腰を同時に回して……」といった具合では、「一度に全部は無理です！　1つずつお願いします！」と言いたくなりますよね。フィードバックもこれと同じで、現実的なところで的を絞っておくことで、小さな成長を感じながら取り組むことができ、的外れなフィードバックをもらって、怒りで感情をかき乱されることもなくなります。また、周囲の支援も得やすくなるでしょう。

自分の良いところを尋ねる

　褒められることを恥ずかしがったりしないでください。自分の強みを強化したり、自分の好きなことや得意なことに磨きをかけ、自分だけの強みをぜひ見つけていただきたいと思います。なぜなら、強みを生かすことが、幸福で有意義な人生を送るための秘訣だからです。それほど大事なものですから、自分の強みとは何か、いつ、どうやったらそれを生かすことができ、他者にとっても価値あるものになるのかを知る必要があるはずです。そのための最も効果的な方法とは、シンプルに、周囲の人に尋ねるだけです。

　自らの強みを理解しようとする際には、「強みの第一人者」ともいわれているマーカス・バッキンガム（Marcus Buckingham）の名言を覚えておくようにしましょう。

- 強みとは自分が得意なことで、弱みは自分が苦手なことというわけではありません。得意なことでも、自らのやる気を削ぐようなものであれば、それは強みとはいえません。むしろ弱みといえるでしょう。強みとは自分を強くしてくれるもの、弱みとは自分を弱々しく感じさせるものなのです。
- 人は、強みをもっている領域で最も成長し、学び、進歩していきます。成

長機会が詰まった強みにこそ、自らを投じて注力すべきです。

フィードバックを求める際のヒントが、自分の好きなことを探し出すのに役立ちます。そして、その過程で得た気づきが、自らの仕事をもっと好きになるきっかけとなるでしょう。個人にとっても、組織にとっても、これ以上のメリットがあるでしょうか。

長年にわたって、「なるほど」と思わせるようなスピーチを数多く耳にしてきましたが、中でもナショナル・ジオグラフィックの写真家が行ったプレゼンが、今も印象に残っています。彼は、自然界で起きていることと人間が学ぶべきことは、非常に似通っているということを、素晴らしい写真の数々を使って、私たちに語りかけました。たとえば、ハワイの岸壁から飛び立つカモメを見たときのストーリーです。そのとき彼は、鳥たちの多くが風に乗って上昇し、優美さと心地よさ、風に体を任せて飛ぶ喜びを見てとることができたと言います。一方で、逆風に向かって力いっぱい羽根をばたつかせて飛んでいる鳥たちも見つけました。そして、人間の世界でも、風に身を任せて飛ぶときもあれば、無駄に羽をばたつかせてしまうこともあると、彼は続けたのです。自分自身の人生を振り返ってみても、同じような経験は容易に思い浮かべることができます。風に身を任せているように感じたときやプロジェクトを思い出すと、そこから得られた喜びがよみがえってきます。もがいていたころの思い出には、羽をばたつかせて空中にとどまるだけで精いっぱいの鳥たちと、同じような気持ちになるのです。風に身を任せた経験も、羽をばたつかせた経験も、誰しも身近なものではないでしょうか。もし羽をばたつかせてもがくよりも、風に身を任せて飛ぶことにもっと注力できたら、皆がより成長し、幸せになれるのではないかと思います。

自らの課題を知る

　自動車教習所では最初に、ドライバーの死角、つまり両側のサイドミラーには映らないため、事故が起こりやすい場所を意識するように教えられます。職場においても、人には自分では気づかない課題があります。シーカーは、自分が見えていない部分にも意識を向ける必要があるでしょう。

　自分では気がつかない課題を探すのは、臆病だからではありません。その過程で、深い気づきを得ることができるからです。次に紹介するのは、自分たちの課題を明らかにするために、ピープル・ファーム社で活用している便利なエクササイズです。誰とこのエクササイズを行うかは、慎重に考えてください。信頼できる友人やアドバイザーを選ぶとよいでしょう。

エクササイズ：課題を見つけるための力をつける

1.　5章「気づきのアート（FAN）」を使って、自分が気づかない課題について、1週間毎日、一人ずつに尋ねてフィードバックをもらいます。こんなふうに気軽に尋ねてみてください。

　「あなたから見て、顧客とのやりとりで、私が気づいていない課題はありますか？」

2.　同じ人に二度尋ねないようにしてください。

3.　もらったフィードバックに耳を傾け、それらを比較してみます。新たな気づきはないでしょうか。気づきがあれば、改善したり、成長するための計画を立ててみましょう。

この本を書き始めたばかりのころ、母の友人にフィードバックという
テーマについて話す機会がありました。彼女の孫は奔放で、遠
慮のないタイプだそうで、その孫から、彼女は周囲から愚痴ば
かり言う人だと思われていると、最近教えてもらったそうです（批
判的ではなく、面白おかしく伝えてくれたそうです。念のため）。
またその孫曰く、「おばあちゃんはいつも病気のことばかり話し
ているから、会いに行きたいと思わなくなったと、みんなが言っ
ているよ」と。この 80 歳にもなる友人にとって、これは本当に
盲点だったようです。それまで、孫たちとの関係が深まらないの
は、世代間の違いによるものだと考えていたのです。彼女は、「20
年前にそう言ってくれる親切な人がいたらよかったのに……。そ
のとき、自分の振る舞いを直していたら、孫との関係は今とは
まったく違うものになっていたかもしれない」と悲しみました。
シーカーの皆さん、周囲にフィードバックを求めるのに早すぎる
ことはありません。自らの課題について、シンプルに他者の視
点を尋ねてみるだけで、どんなに素晴らしい可能性が見つかる
か、想像してみてください。どんなフィードバックを求めたらよ
いかわからないと感じるのであれば、今が周囲にフィードバック
を求める絶好のタイミングでしょう！

前進を意識する

　最近失敗したことはありますか？　目標が未達に終わったことは？　重要な指標を見過ごしてしまったことは？　フィードバックを求める際には、うまくいかなかったことを認める必要はありますが、自分の非を認めることに集中し過ぎないように気をつけましょう。すぐに切り替えて、次に同じような状況に直面したときにはどうしたらよいのか、アドバイスを求めるようにしましょう。

　「あ～あ、目標が未達に終わってしまった。もうだめだ！」と言うよりも、「目標が達成できなくて、申し訳ありません。事態を解決して、来月は達成できるようにするためにはどうしたらよいか、アドバイスが欲しいのですが、協力してもらえませんか」と言ったほうが、目標に向かって前進できるような気がしませんか。

　自分にとって必要なフィードバック（それが欲しいかどうかは別として）や、目指している具体的な姿を実現するためには、いつ、そのフィードバックが必要になるかといったことに集中できれば、それらを素直に受け止め、頭の片隅にとどめ、自らの成長に生かしやすくなるでしょう。

未来に目を向ける

　ここまでお伝えしたところで、もう一度フィードバックを「求める」ということについて思い出してほしいことがあります。「求める」というのは、未来志向の行為であるということです。フィードバックを求める旅を始めたら、最終目標を忘れないようにしましょう。それは、「自分をより成長させること」です。

　現代のような、複雑で、変化が激しい世の中においては、未来の予測が変わったり、自分自身の新たな一面を知ったり、仕事で求められるものが変わったりすることもあるでしょう。そんなときには、柔軟さを保ち、ゆったりと構えておくことも必要です。確固たる夢をもっている場合も、軌道修正する場合も、シーカーとしてどうするかは、あなた次第です。何を学んでいるかによって、取り組んでいることを継続してもよいでしょうし、遠回りをする選択をしてもよいでしょう。どんな道やキャリアを選んだとしても、成長課題や目標を忘れず、自分の成長や学習にフィードバックを生かすようにしましょう。

計画を立てる

うまくフィードバックを求められるようになりたければ、それに向けて計画を立てるのがよいでしょう。計画を立てる際には、以下のアドバイスが役立ちます。

● 実現したい状態から描き、そこからバックキャストで取り組みます。描いた最高の未来を目指して、フィードバックを求める際の指針としましょう。
● 協力してくれそうな人のリストを作ります。その際、多様な意見が取り入れられるように、違う視点をもつ人に依頼するようにします。自分以外の人にリストを見せて、思いつかなかった人がいないか、確認してみましょう。
● 自分にとって重要なテーマについて、的を絞ったフィードバックが求められるよう準備をします。1つしか質問できないとしたら、最も価値を得られそうな問いはどんなものか、考えてみましょう。
● まずは、相手と信頼関係を築くことから始めましょう。小さく始めて、一歩ずつ前進するようにします。
● 事前に依頼をしておくようにします。相手に自分の「フィードバック・ガイド」を共有してみましょう。
● 相手が、観察して「気づく」時間を十分に与えてあげるようにします。

そして、何よりも重要なのは、定期的に振り返って、自らの成長を喜んだり、協力してくれた人に感謝の気持ちを伝えることです。そして、同じことを周囲の人にもしてあげることを忘れないでください。こうした人とのつながりが1つずつ積み重なって、フィードバックを再興することができるのですから。

RECEIVERS

自ら求めたかどうか、欲していたかどうかにかかわらず、
フィードバックを受け取る人

第7章

フィードバックを受け取るレシーバー

　誰かが「必要としているだろう」「欲しがっているだろう」と思って、他者に情報を提供したとき、それを受け取った人はレシーバーとなります。そのフィードバックは、すでにわかっている情報を再確認するものもあれば、反証するようなものもあるでしょう。受け手から求められて提供するものや、エクステンダー（提供する人）が自発的に行う場合もあります。また、そうして提供された情報は、適切である場合も、そうでない場合もあるかもしれません。いずれにせよ、レシーバーとしては、もらったフィードバックを受け止め、感情的な反応をできる限り抑えつつ、理性的な対応を選択することが重要です。

　自分がレシーバーになるときは、攻撃的になったり、黙りこくってしまったり、その場から立ち去ってしまうことのないよう、落ち着いて対応したいものです。フィードバックの内容によっては、心臓がドキドキしたり、手が震えてしまったりするかもしれません。そんなときには、まず自身の恐れに対処するようにします。深呼吸をして、両足に地面を感じ、理性を司る前頭葉が働き始めて、思考をコントロールしてくれるのを待つのです。受け取ったフィードバックすべてを受け入れる必要はありませんが、まずは先入観をもたずに耳を傾けてみるとよいでしょう。

リーダーから始める

　品格と誠実さを備えた、理想的なフィードバックの受け取り方を周囲に示すのは、リーダーの役割です。なぜなら、皆がリーダーの言動に注目しているからです。リーダーこそが、新しいフィードバックのムーブメントを始め、周囲に手本を示すことで、その機運を高めていくのです。フィードバックを受け取る準備を整えるには、以下のような実践例が役立つでしょう。

　自らが見たいと思う変化を体現する。勇気をもってフィードバックに耳を傾け、受け止めることができなければ、このムーブメントはすぐに止まってしまうでしょう。仲間に求めていることは、自らも同じように実践する姿勢を見せなければなりません。

　フィードバックを受け止めることによって、より良いリーダーになれると理解する。自らフィードバックを求め、さまざまな意見に耳を傾けると、周囲から弱いリーダーのように見られると考えていませんか？　実は、そうではありません。フォークマンとゼンガー（Folkman and Zenger）による研究では、積極的にフィードバックを求めたり、ポジティブなフィードバックを提供するリーダーは、ほぼすべてのリーダーシップ・コンピテンシーにおいて、高いスコアを示していることがわかりました。

　安心・安全な場をつくる。人は安心できる場であるほど、本当のことを話すようになります。リーダーは職位上の権力をもっているので、メンバーが本当の気持ちを話しても、後で不利になるようなことはないと約束し、気づいたことは何でも話してよいと伝えるようにしましょう。

　品位をもって受け取る。すべてのフィードバックが、受け取りやすいものではないかもしれません。それでも、品位と感謝をもってフィードバックを受け取るのがリーダーの使命です。つまり、フィードバックに耳を傾け、質問し、相手に感謝し、行動に移すことが大切です。

　ありのままでいることを恐れない。リーダーも人であることは皆、承知して

います。ですから、人間らしく振る舞うことで驚く人はいないでしょう。ありのまま、傷つきやすい姿を見せてもよいのです。むしろ、メンバーはそうしたリーダーの人間らしい姿を求めているのです。周囲に共有してもよいと思える部分を見つけ、自ら壁を取り払ってみましょう。不完全な自分の姿を見せたことで信頼を築けたという経験が、私にもあります。

自分自身をよく知る

　フィードバックに対して感情的に反応してしまうのは、受け手の自己イメージと大切にしている信条が関係しています。フィードバックの内容によって、これらがポジティブに働くときも、ネガティブに働くときもあります。たとえば、同僚から、自分のクリエイティビティの高さが組織全体に高い価値をもたらしていると言われたら、うれしく思うはずです。そして、自らの強みはクリエイティビティにあるという考えが強化されるでしょう。一方で、粘り強さが自分の強みであると感じているのに、マネジャーから、営業活動においてすぐに諦めてしまうと言われたら、その考えが揺らいでしまうでしょう。フィードバックが心にずしんと突き刺さるのは、自分の存在意義が脅かされているように感じるからかもしれません。

　レシーバーとして、自分が大切にしている価値観や信念を明らかにしておくとよいでしょう。大切にしているものが明確になると、誰かのフィードバックの直撃を受け、感情的になってしまいそうになったときにも、そうした反応を自分自身で理解したり、調整したりすることができるようになります。自覚することは、自らをコントロールする力となるため、自分を知れば知るほど、他者に対してもより柔軟に対応できるようになるでしょう。

何年も前、大きなコンサルティング会社で、マーケット・リーダーとして、人事部長とあるプロジェクトに取り組んでいたことがあります。ある朝コーヒーを飲みながら、その人事部長から、私は仲間とのコラボレーションに頼り過ぎており、そのやり方では私自身のキャリアの幅を狭めてしまうと言われました（何年も前のことですが、口にするだけで、今でも頭に血が上ってしまうほど、腹が立つ出来事でした）。怒りの気持ちを抑えつつ、何とか彼に言われたことを素直に振り返ってみたり、信頼できる同僚に話して意見を聞いてみたりもしました。そして、最終的にはこう結論づけることにしたのです。「フィードバック、ありがとうございます。でも、結構です。自分のポリシーを貫くことにします」と。彼の言葉を真剣に振り返ったからこそ、コラボレーションは揺らぐことのない、私の大切な価値観であると確認することができました。そして、その後私自身が歩んだキャリアからも、その信念が間違いではなかったことが明らかになったのです。

リセットする

　この本を書くために、フィードバックにまつわるストーリーを集めていると、エクステンダーがフィードバックをしたとき、相手の反応が望ましくなかったという体験談が多いことに驚きました。しかし多くの場合、受け手であるレシーバーは、いずれはもらったフィードバックを受け止めることができ、しかも、そのことが本人の態度や仕事、人生にまで大きな影響を及ぼしたようでした。このムーブメントの一員として、皆さんにはぜひ、傷ついてしまっているエクステンダーに、もう一度戻ってこのムーブメントに参画してもらえるように、働きかけていただきたいと思います。その方法を以下にご紹介します。

　謝罪する。 人間関係の修復というのは、難しいものですよね。フィードバックは、どれほどひどいものだったのでしょうか？　もし、怒鳴ったり、物を投げてしまったのなら、それに見合う謝罪が必要です。そのように反応してしまった理由は何だったのか、正直に伝えましょう。たとえばこんなふうに。「昨日、我々のチームの業績を振り返ったとき、怒ってしまってごめんなさい。自分たちの成果に満足していたから、数字だけで判断されているように感じて、イライラしてしまったんだ。時間が経ってみて、自分でも考えてみたんだけど、もう一度話し合える時間をもらえるかな？」

　謝り過ぎない。 謝罪は大切ですが、やり過ぎも禁物です。誠実に、かつ短い謝罪で十分です。切り替えて前に進もうとしているときに、問題がないかと何度も聞かれて、喜ぶ人はいないでしょう。

　フォローする。 初めは受け入れられなくても、後になって価値を実感するようなフィードバックをくれた人はいないでしょうか。何年前のことであっても、自分の人生や仕事に影響を与えてくれたことを、必ず相手に伝えるようにしていただきたいと思います。

良いことは、しっかり味わう

　うれしくなるようなポジティブなフィードバックを誰かにしてもらったら、もっと聞きたくなるでしょうか。それとも、つい自身の仕事を過小評価したり、すべて仲間のおかげだと言いたくなってしまうでしょうか。こんなとき、素直に喜ぶことで得られるものはたくさんあります。そこで、もらったフィードバックを素直に受け止め、自分の成長に生かす方法をご紹介したいと思います。

　まず、感謝を述べる。褒め言葉を素直に受け取れなかったり、否定しようとするような、頭の中で聞こえる自己批判の声は抑え込んでおきます。

　状況が許せば、質問する。もし、時と場合が不適切でなければ、受け取ったフィードバックについて具体的に質問してみたり、その中から共通点を探してみてください（たとえば、チームミーティングでお互いへの感謝を短く伝え合うような場は、適切な機会とはいえません）。同僚やメンターに、こんなふうに伝えてみましょう。「気づいてくれてありがとう。このロードマップに関するリサーチのどの辺りが役に立ったか、もう少し具体的に教えてくれないかな？」

　仲間の貢献も認める。一緒に仕事をしたパートナーや手伝ってくれた人はいましたか？　そのプロジェクトの成果は、チームで生み出したものではないでしょうか？　自分を過小評価することなく、仲間とその称賛を分かち合う方法を探してみましょう。

　素直に受け止め、不必要に求め過ぎない。褒め言葉をもらったら、相手にさらなる感謝の言葉や称賛を強要しないよう、素直に感謝を述べるようしましょう。「本当？　あのスピーチ、全然うまくいかなかったと思っていたんだ」とか、「ああ、全然大したことないよ」といった返事は謙虚に聞こえるかもしれませんが、相手のフィードバックの価値を下げてしまい、褒めてくれた相手の目を疑っているように感じさせるかもしれません。

　内省し、成長に生かす。自分の強みであると何度も言われたことのあるもの

について、考えてみましょう。なぜそのように言われるのか、今後のキャリアや自分の未来にとって、どんな意味がありそうか、明らかにしてみます。そして、より成長した自分、より高い価値を生み出せる自分になれるよう、その強みを磨く方法を探してみましょう。

カッコよく「求める」

　カッコよく求めることに注力するのは、フィードバックを求めるシーカー（求める人）だけではありません。レシーバーにとっても、内容を明確にしたり、具体的な学びを得て行動に移すために有効です。特に、エクステンダーが事実に基づいた具体的なフィードバックをするのに苦労しているときに役立つでしょう。

フィードバックを受け取る際に役立ちそうな、よくある場面とそこでの会話例を見てみましょう。

フィードバックが具体的でないとき：

背景を明らかにする。「いつ、どこで、気づいたことなのか、教えていただけますか？」

具体的に聞く。「もう少し詳しく聞かせてください。気づいたことを具体的に教えていただけますか？」

結果について聞く。「あなた自身や周囲の人にどんな影響があったか、もう少し教えていただけますか？」

フィードバックが多すぎるとき：

1つにする。「私がもっとすべき、もしくはすべきでないことを1つだけ挙げるとしたら、何でしょうか？」

焦点を絞る。「あなたの考えをまとめてみると、どんなタイトルになりそうですか？」

相手が言いづらそうにしているとき：

安全な場をつくる。「何か大事なことを伝えたいように見えますが、どんなことを考えているか、教えていただけませんか」

欲しい情報を伝える。「今、○○にチャレンジしているのですが、私はうまくやれているでしょうか？」

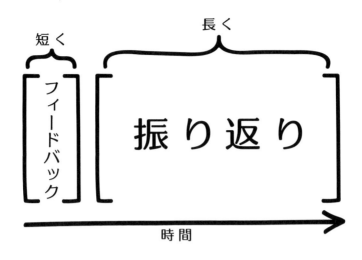

フィードバックは短く、振り返りは長く

　ここで、ほんのささいなことが大きな成果を生み出すやり方を、ご紹介したいと思います。ほんの短いフィードバックが、その後に大きな影響を及ぼすようなことが起こり得るのです。本書の中でもお伝えした、日立コンサルティングの同僚が「あなたが仕事に熱中する姿を長い間見ていない」と私に言ってくれたストーリーを思い出してみてください。彼女が、気づいたことをふと口にしてくれた後、私はそのことについて何カ月も考えを巡らせました。何度も思い返し、いろんな角度から見つめ、本当にそうなのか、そうだとしたらなぜなのかを検討しました。周囲の人にも意見を聞いて確認したり、自分にとってどんな意味があるのか、自分の志向性と合っているのか、考え続けました。フィードバックはほんの短い時間でしたが、その後私の中で起きた内省の時間は長く、最終的には私の人生をも変える結果となりました。今この本を執筆しているのも、ピープル・ファーム社を立ち上げるに至ったのも、またその他すべてのことにつながる壮大な旅に私を導いたのは、ほんの小さなそよ風だったのです。
　まさにこうしたことが、新しいフィードバックの面白く、そして美しいところなのです。フィードバックを求めたり、提供したり、受け取ったりする準備が整えば、見える世界が変わってくるのです。過去の経験にとらわれることなく、フィードバックの新しいドアを開ければ、経験したことのない、わくわく

するような冒険が待っています。ですから、フィードバックを受け取る際には、短いフィードバックもしっかりと味わい、時間をかけて振り返り、できる限りの学びを得られるようにしてください。

私が正しい。あなたも正しい。みんな人間（バイアスの影響）

　先の章で触れた、さまざまな認知バイアスを覚えているでしょうか。これらのバイアスは、エクステンダーとして公平なフィードバックを提供するときにだけ、気をつければよいわけではありません。レシーバーとして、提供された情報を処理する過程にも影響を与えているのです。自身の経験や考え、信念が、フィードバックの受け止め方に影響を与えていることを、意識的に考慮してください。さもなければ、ネガティブ・バイアスが理性的な思考を邪魔してしまうことになるでしょう。

　特に、まだ熟達していないエクステンダーからフィードバックを受ける際に起こりやすい認知の歪みとして、受け取ったときの印象と相手の意図を混同してしまうことがあります。たとえば、マネジャーが誤字を指摘したのは、上司の前で自分に恥をかかせようとしたからだと解釈してしまうことなどです。レシーバーが思うマネジャーの意図は、おそらく事実と異なっているでしょう。

　このようなありがちな誤解を避けるためには、相手の善意を信じるのが一番です。頭の中で「気をつけろ！」とちらつく叫び声は無視して、その代わり、相手に他意はなく、良かれと思って伝えてくれているのだと言い聞かせるようにしましょう。そのフィードバックは自分を傷つけるためではなく、自分に役立つと思うから伝えてくれているのだと考えるようにします。

　初めは、少し心もとない感じがするかもしれませんが、それは新しい考え方に対して柔軟であろうとしているが故なのです。過去に苦い経験をもつ相手に対して、何か別の意図があるのではと勘繰ってしまうのは簡単ですが、そんなときには実際に意図を尋ねてみると、気持ちが落ち着くかもしれません。「この会話が終わったとき、どんなふうになっていたらいいとお考えですか？」こんなふうに直接的に聞いてみることで、率直で気づきの多い会話ができるようになるかもしれません。

忘れないでいてほしいのは、誰しもが完璧ではないということです。ですから、良くない知らせを受けたからといって、伝えてくれた人を攻撃したり、無視するようなことはしないでください。自ら求めるようになれば、いろいろなスタイルやスキルをもったエクステンダーからフィードバックを受けることになるでしょう。従来のような、ぎこちないままのフィードバックに出くわすのは、仕方のないことです。全員がこのムーブメントに参画しているわけでも、すぐに素晴らしいエクステンダーになれるわけでもないのですから、根気強さが必要なのです。そして、うまくないからといって価値がないわけでもありません。フィードバックを受けながら、相手にこの本を読ませたいという衝動に駆られたら、それを手放して、相手に寛容になり、あなた自身が本書で学んだことを実践することで、互いにとってより価値のある対話にしていけばよいのです。

素直に受け取りづらいフィードバックが来たら……

受け取るフィードバックがすべて、新しいフィードバックの定義を完璧に満たしていたら、素晴らしいことですよね。当たり前ですが、現実はそうもいきません。そうでないからこそ、フィードバックを再興するためのムーブメントが存在するのです。

曖昧で具体性がなく、未来志向でも成長を促すためでもない、ただの悪意のこもったフィードバックは、受け取った人を混乱と羞恥、怒りのスパイラルに陥れます。反対に、厳しくても効果的なフィードバックは、初めはどきどきするかもしれませんが、いったん聞く姿勢を整え、その価値が理解できると、運動をした後のような、程よい疲れとモチベーションを感じられるようになります。

いずれにせよ、フィードバックを受ける練習を重ねていくと、相手が伝えたいことを正確に把握できるようになり、耳の痛いフィードバックを受け取ったとしても、きちんと考えた上でどう対応するかを選択できるようになるでしょう。気にしないようにすることもできれば、言われたことを何とか飲み込むこともできるでしょう。耳の痛いフィードバックも品位を失わずに受け取るため

のヒントを、以下にご紹介したいと思います。

すぐに反応しない。まずはシンプルに「ありがとう」と伝え、受け止める時間をつくりましょう。より詳しく聞いたり、言われたことを振り返ってみると、最初とは違った感情が湧いてくるかもしれません。受け手が防衛的にならずに、しっかりとフィードバックを受け取ることができれば、双方にとって良い結果を生むでしょう。

グロース・マインドセットにシフトする。防衛的になってしまったり、相手が間違っていると証明したくなったら、「認めさせたい」モードから、「成長したい」モードに切り替えるようにしてみます。切り替えることで、自分にとっても役立つ情報が耳に届くようになるでしょう。

事実や具体例を尋ねる。「キャンディスをよく見て、真似をしなさい」といったような、曖昧なフィードバックを受け取った場合には、その奥に隠れている事実を探るようにします。フィードバックがより明確で具体的になるように、エクステンダーに質問を投げかけてみましょう。たとえば、「今後、キャンディスのどのような部分を真似したらいいですか?」とか、「私が一番気をつけるべきことは、何でしょうか?」といった具合に。

バイアスや思い込みを取り除く。フィードバックの中に、事実が見当たりませんか? エクステンダーは、勝手なイメージや思い込みでフィードバックをしているように感じますか? もしそんな可能性を感じたら、勇気を出して、オープン・クエスチョンを用いてエクステンダーの思い込みを検証してみましょう。
- 「あなたの考えを、一緒に検証させてもらえませんか? そう考えるに至ったプロセスを共有してもらえないでしょうか?」
- 「それは、私に対する思い込みのような気がしています。その結論に至った理由として、ご自身が見たことや事実を教えていただけますか?」

必要なら、少し時間をもらう。「ありがとうございます。もう少し話し合いたいので、その前に少しだけ考える時間をもらえませんか?」という一言でよいのです。動揺していたり、より具体的なフィードバックに対して、防衛的に

ならずに対応できる準備がまだ整っていないと感じるようであれば、時間を置いて話す機会をつくるようにしましょう（この場では、3章で紹介した4-7-8の呼吸法が役立ちます）。

第三者にフィードバックを求める。 それでもまだ受け止めきれないときには、あらためてフィードバックを求めてみましょう。何か大事な情報が隠れていそうなのに、それについて考え、行動を起こせるほど十分な情報がまだないと感じているなら、誰か協力してくれそうなエクステンダーに声を掛け、気づいたことをフィードバックしてもらいましょう。

相手の悪口にならないように、協力者を探す。 職場の上司や仲間のサポートによって、仕事のストレスが軽減するということが、研究からも明らかになっています。ただし、愚痴を言ったり、相手の悪口を言うために、第三者を巻き込むのはやめておきましょう。フィードバックの後に毎回、「今から飲みに行こう！」と友人にメッセージを送っても、内省の助けにはなりません。実際、誰かのフィードバックによって動揺しているとしたら、飲んで愚痴をこぼしても解決しないだけでなく、さらに困った状況をつくり出してしまうことも多々あります。それよりも、メンターや同僚から助けを得て、もらったフィードバックについて、じっくり考えるプロセスに伴走してもらうようにします。誰かに支援を依頼する際には、事前に事の全体像を共有しておくと、相手も関わる準備がしやすくなるでしょう。また、自分の考えをいったん脇に置き、中立的な質問を投げかけてみるとよいでしょう。

受け入れないという選択もある。 役に立ちそうもなかったり、自分が傷ついてしまうようなフィードバックであれば、「フィードバックをありがとう。でも、結構です」と言って応えるのが一番です。大抵そうしたフィードバックは、たまたま虫の居所が悪かったり、相手の役に立とうとしない人から発せられるものです。自分が直感的に価値を感じられる情報にエネルギーを注げばよいのです。

自分を責めるのではなく、フィードバックを生かして成長する

　過剰に反応したり、聞いたことを大げさに言ったり、ストーリーを変えてしまったり、ネガティブな感情を押し殺したりした経験は誰にでもあることです。そして、これからも起こり得るでしょう。ちょっとしたフィードバックに出くわすだけで、突然すべての思考が悪循環に陥ってしまいます。

　こうしたことは、人間として至極普通の反応です。スーザン・ノーレン・ホークセマ（Susan Nolen Hoeksema）という心理学者によれば、人間の記憶や思考は、区別されずにつながり合った状態で、脳内に保管されています。そのため、何かのストレス要因が作動すると、ネガティブな感情があふれ出し、それが元々のストレス要因とは関係のないネガティブ感情まで思い出させてしまうそうです。[1]

　こうした感情の急降下に陥ってしまったときには、少しだけ（たくさん必要かもしれませんが）自分に優しくなることで、コントロールを取り戻し、罰を与えるのではなく、成長することにシフトすることが大切です。以下のような問いを用いて振り返りを行い、自分を責める気持ちを和らげてみてください。

- あのフィードバックの何がそんなに怖かったんだろう？　本当にそれほど悪い知らせだっただろうか？
- 絶対に認めたくないことって、何だろう？
- あのフィードバックの中で、的確だと思う部分はどこだろう？
- あのフィードバックの中で、バイアスに満ちていて、間違っていると思う部分はどこだろう？
- 私が将来進む方向性に、どんな影響があるだろうか？
- これからどうしたらよいだろうか？　自分にとっての成長って、どんなものだろう？

以下のようなやり方も有効かもしれません。

信頼できる友人を見つける。信頼のおける友人やメンターに、協力を求めましょう。ネガティブな思考から抜け出すためには、客観的な視点をもつことが重要です。

行き詰まらない。フィードバックが自分のすべてを表しているわけではありません。自分の存在価値や能力について、フィックスト・マインドセットになって、行き詰まったりすることのないようにしましょう。代わりに、今後少しずつでも成長していくために、最初に取り組みたいことや生み出したい成果を明らかにするとよいでしょう。

後で振り返る。取り組みたいことが決まったら、しばらくしてから振り返りを行うようにしましょう。周囲の人にも注意して見てほしいことを伝えておきます。

目標を見失わない。成長は直線的に起こるものではありません。困難なことがあっても、目標を見失わず、自分に寛容で居続けましょう。うまくいったことだけでなく、うまくいかなかったことからも、たくさんの学びを得られることを忘れないでください。

自分に厳しくなり過ぎない。習慣になっていることを変えたり、恐れを乗り越えようとするとき、それは一段高いレベルのチャレンジに取り組むということであり、すぐに実現できるものはありません。結果にこだわり過ぎず、焦らずに取り組み、前進したことを確認するように心掛けましょう。

未来に目を向ける

　フィードバックは、未来の自分に向かうためのヒントとなります。ですから、ポジティブなフィードバックは、自分が目指してるゴールに向けて、どんなことを伸ばしたり、改善していったらよいかについて、教えてくれているといえるでしょう。

- このフィードバックは、ゴールに近づくのに役立つだろうか？
- このフィードバックによって、未来の自分のイメージに影響はあるだろうか？（考えたこともなかった強みがあるかもしれません）
- このフィードバックによって、今後の計画や選択肢は変わるだろうか？新たに生まれそうな可能性はないだろうか？
- このフィードバックで、これから取り組むべきことが明確になるだろうか？
- もっとすべきこと、すべきでないことには、何があるだろうか？

計画を立てる

　レシーバーとして重要なのは、フィードバックをどう受け取るかということ以上に、自分の成長や進歩にそれをどう生かすことができるかということです。フィードバックを受け止めることができたら、今度はそれをどう生かしていくか、またそのプロセスをどのように追っていくのかについても検討するようにします。初めに計画を立てるときには、以下をヒントにしてやってみましょう。

　リストアップしてから、選択する。フィードバックをもらうたびに、メモを取るようにします。後でアクション・プランを考えるときには、もらったフィードバックの共通点を探りつつ、自分の目標に照らし合わせて、まず初めに取り組みたいことを決めるようにします。小さくても、できることから始めるのが大切です。

誰かと共につくる。信頼できるアドバイザー（上司や自分をよく理解してくれている同僚など）がいると、今後のアクション・プランを検討しやすくなるかもしれません。1人より2人分の知恵があれば、良いアイデアが浮かんでくるでしょう。

さらなるフィードバックを求め、成長を確認する。自らの成長に向けて取り組んでいくときには、周りの人にも共有して、気づいたことをフィードバックしてもらえるようにするとよいでしょう。受け取ったアドバイスを取り入れて改善したり、うまくいっていることを喜び、育てていけるようにしましょう。

EXTENDERS

自ら積極的に、または求められて、
他者にフィードバックを提供する人

第8章

フィードバックを提供するエクステンダー

　自分がフィードバックすることなんてないと思っていませんか？　実際には、そんなことはありません。古いフィードバックの世界では、エクステンダー（提供する人）の役割は、マネジャーやチームリーダーのものでしたが、自らが頻繁にフィードバックを求めようとする新しい世界では、誰もがフィードバックをするエクステンダーの役割を担えるようになるべきです。マネジャーやチームリーダーにとっては、自分以外のメンバーも共に「気づきのアート（FAN）」を実践してくれたら、もっと素晴らしくなると思いませんか？

　エクステンダーは、フィードバックの相手が同僚や部下、上司など誰であっても、相手にきちんと向き合うことが重要です。フィードバックを求められたときには、タイミングが許せば、快く引き受けられる状態でいられるとよいでしょう。また、フィードバックをする際には、率直かつ具体的に行い、焦点を絞り、勝手な思い込みを挟まないようにします。フィードバックをする際に気をつけるべきことはたくさんありますが、そのための知識とスキルを身につければ、勇気と自信をもってこの役割を担うことができるようになるでしょう。

つながりをつくる

　5：1の法則を覚えているでしょうか？　ポジティブなつながりをもつことが、信頼関係への一歩となることをお伝えしてきました。つながることで関係性を強化することができるのであれば、たくさんのつながりをつくるほうがよいでしょう。フィードバックにおいて、信頼関係はなくてはならないものなのです。関係の質が高まるにつれ、互いへのポジティブな影響力も高まってきます。つまり、フィードバックの質や的確さ、焦点の絞り方も向上していくでしょう。さらには、関係の質が高まることで、フィードバックを受け止めたり、素直に聞く準備も整うはずです。

　つながりをつくるのが、大変なことのように感じる人もいるかもしれませんが、それほど大変ではないと主張する研究もあります。結局のところ、人間は皆、ポジティブなつながりを求めているのです。つながることは怖がるようなことではなく、人間にとって良いことなのです。だとすれば、人とつながることを習慣にしていくためには、何が大切になってくるでしょうか？　その答えは、つながりの頻度です。皆さんの中でも、周囲の人とすでにつながりを十分にもっているというよりは、もっと頻繁につながる必要がある人のほうが多いのではないでしょうか。

　あらためて、周囲の人とつながりをつくっていくために、まず始めてみると良さそうな方法をいくつか紹介したいと思います。

　好奇心をもって、気づく。探求的な姿勢で、周囲で起きていることに対して素直な好奇心をもっていることが伝わるようにしましょう。オープン・クエスチョンで質問をしたり、相手の忙しさに配慮したり、小さな変化に気づくように心掛けます。

　権威や権力を手放す。相手から先に話すように促してみましょう。会議でリーダーがいつもどおりの席に座るのではなく、それが上座であるならなおさら、他の人にリーダーの席に座ってもらうようにしましょう。習慣に任せて、リーダーが持ち込んだ議題を進めるのではなく、「本日議論したいテーマで、特に重要だと思うものは何ですか？」と聞いてみましょう。そこから始まる議論によって、最も有意義な成果が生み出されるかもしれませんし、皆が自分の発言

に価値があり、貢献できるのだと実感できるでしょう。

　してもらったことに気づき、感謝を示す。ポジティブな気持ちを表明したり、相手の良い言動に気づいて認めてあげたり、感謝の気持ちを表明すると、相手との関係が強化され、信頼が高まります。また、それが心からの気持ちであることが重要です。上辺だけの言葉には気持ちが込められず、すぐに気づかれてしまうものです。

　共感できる考えを探る。相手の意見のどこに同意できそうかという視点で聞く姿勢を見せると、レシーバー（受け取る人）の考えを尊重しようとしていることが伝わります。レシーバーも、エクステンダーが善意をもってフィードバックしていると信じることができるでしょう。

　目的をもったコラボレーション。あまり関係性の良くない相手と共に、難しい課題に取り組んで、信頼関係を構築できるかどうか試してみてください。相手の意見を理解しようとしたり、意見をぶつけ合いながらコラボレーションしようとすることで、互いの強み、行動や思考のパターン、感情的になるポイントなどが理解できるようになってきます。相手をよく知ることは、信頼を築くために大切なことです。

　相手を支援する。誰かの助けになってあげる機会は、日常にたくさんあふれています。報告書のまとめを手伝ったり、同僚を車で送ってあげたり、忙し過ぎて外に出る時間がないアシスタントに昼食を買って帰るなど、どんなことでも構わないのです。

　共感する。共感とは、人と人のつながりにおいて、最も深淵なものの1つです。それは、相手の感情を理解し、同じように感じようとすることです。「締め切りに間に合いそうになくて、パニックになってしまう気持ちはよくわかるよ」といった声掛けをすると、相手はつながりを感じ、仕事上の成果だけでなく、心理的なウェルビーイング（健全性）も大切にされていると感じます。

　周囲を元気づける。楽しいことをする時間をつくりましょう。コーヒーを片

手に笑い合ったりする時間が、ストレスを大幅に軽減し、つながりを深め、信頼関係を築いていくのです。

リーダーから始める

　リーダーにとって、フィードバックを求めたり、受け取ったりするのは、新たなスキルを学んだり、これまでとは違う思考を鍛えることを意味します。しかし、リーダーがフィードバックを提供する際には、どちらかというと、すでに実証されたアプローチを、自分なりに微調整するといったほうが適切かもしれません。

　リーダーは、これまでに使い古した習慣ややり方を手放し、3つのFに基づいた新しいモデルを取り入れる必要があるでしょう。

- 公正。思い込みを手放し、非難をしない
- 集中。目標を定めて、成長を促すコーチング
- 頻繁、かつポジティブなつながり。気負わず、カジュアルに

　リーダーがお手本となり、このフィードバック・ムーブメントの機運を高め、掲げた理想を実践するのです。この新たなフィードバックの世界は、チームのメンバーにとって良い影響をもたらしますが、リーダー自身が学ぶこともたくさんあるはずです。考えていることを頻繁に共有することで、フィードバックを提供したり、受け取る際の準備が整いやすくなります。そして、より良いリーダーシップを発揮することにもつながるでしょう。

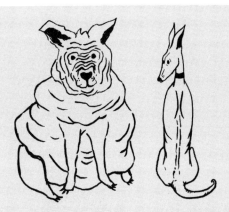

私たちはもはや、たまにしかない、高圧的なフィードバックの会話に耐える力を備える必要はないのです。その代わり、スピードとアジリティを高めるために、短く、軽いフィードバックの会話を頻繁にもち、長く内省し続けられる力を養っていくことが重要です。

一人でやらない：フィードバックを促す触媒（マルチプライヤー）になる

　世界中でワークショップを実施して、「もっとメンバーとつながりをもち、もっとフィードバックをし合い、もっとそれを頻繁にやりましょう」と鼓舞すると、すでに多くの疲れ切ったマネジャーが、さらにどんよりしてしまいます。「すでに今もコーチングやメンタリング、そして評価も、必死になってやっているのに、もっとやれなんてどうやったら……」と感じているのかもしれません。しかし、考えてみてください。マネジャーがすべてやる必要はないのです。ただ、ムーブメントを先導し、お手本になってほしいだけなのです。多様な人にフィードバックを求めたり、フィードバックの頻度を高めることの利点を周囲に示したり、自分と同じように実践することをメンバーに促すことができるのは、リーダーの力の見せ所です。そうすることで、リーダーは、周囲のフィードバックの力を高め、実践を促すマルチプライヤーとなるのです。周囲のメンバーがムーブメントに参画できるよう、積極的に働きかけ、頻繁なフィードバックを促すリーダーは、その働きかけによってメンバーの成長を促すことができるでしょう。

自分自身の傾向をよく知る

　フィードバックとは、提供する側と受け取る側の両方が存在して初めて成り立つものです。どんなフィードバックの場面でも、その場の雰囲気や、それがどのような体験になるかは、そこに参加する一人ひとりの姿勢に左右されます。エクステンダーは、フィードバックに参加する一人として、十分に注意を払いながら、自身のアプローチの仕方やフィードバックの意図に、責任をもたなければなりません。しっかりと準備が整った状態でフィードバックに臨めるよう、以下のような問いについて、振り返っておくとよいでしょう。

1. 自分のスタイル、視点、パーソナリティーが、フィードバックのアプローチにどんな影響を与えているか、理解していますか?

　　» 自分では、オープンで率直なフィードバックだと思っていても、別の人にとっては厳しく、とげのあるものかもしれません。皆の前でフィードバックすれば、自分の価値を示せるかもしれませんが、同僚は大変居心地の悪い思いをすることになります。感じ方は、誰一人として同じではないのですから、十分注意を払います。レシーバーとなる相手も自分が好むやり方でフィードバックを欲しがっていると、決して思い込まないようにしましょう。この問いに真っすぐに向き合うためには、自分のスタイルやパーソナリティーが、自らの考え方や振る舞いにどう影響しているのかについて、丁寧に内省をすることが求められます。誰にでも、相手の良さを認めたり、成長を支援するために、相手によってアプローチの仕方や言い方を微調整することがあるはずです。

2. フィードバックの目的は、明確になっていますか?

　　» なぜフィードバックする必要があると感じているのかをあらためて確認せずに、フィードバックを始めてしまうことがあります。誰もがそうした失敗を犯してしまうリスクがあるのです。もしかしたら、プロジェク

トがうまくいかなかったことに傷ついて、誰かを責めたくなっているの
かもしれません。あるいは、自分の意見に耳を傾けてもらっていないこ
とに気づいてほしいのかもしれません。誰にでもそんなふうに感じたこ
とがあるのではないでしょうか。だからこそ、フィードバックの前に、
以下のような問いを自分に投げかけてみることが大切なのです。

- 今まさにフィードバックをしたいと思っている自分は、どんな感情を
  もっていて、どんな状態だろうか？
- フィードバックの内容は、事実に基づいているだろうか？
- 相手のためのフィードバックではなく、自分のためのフィードバック
  になっていないだろうか？

3. フィードバックに臨むときの自分は、フィックスト・マインドセットでしょうか？　グロース・マインドセットでしょうか？

» すでに紹介したように、自分に対してフィックスト・マインドセットに
なってしまう場合もあれば、他者に対してそうなってしまう場合もあり
ます。そのことを理解して、相手に話し掛ける前に自分自身に問いかけ
てみるとよいでしょう。人は進歩したり、成長できるということを心か
ら信じて、フィードバックに臨んでいるでしょうか？

ビジネスにおいて、しなやかに、困難な状況からも立ち直ることができるような、レジリエンスを備えもった人材は、非常に高い評価を受けます。そうした人材は、リーダーの役割に就くことも多いでしょう。逆境においても、冷静さを見失わずにいられる力があれば、リーダーとしての役割を十分に果たし、チームメンバーにも貢献することができます。また、レジリエンスという強みをもつ人は、落ち着きを保ち、大切なことに注力する力を自覚しており、困難が訪れたときには、その状況をよく分析することができるのです。

しかし、フィードバックの場面において、こうした強みが逆効果となってしまう場合があります。役割としてリーダーであるか否かは別として、レジリエンスを持ち合わせている人がフィードバックを行う際に気をつけるべきことをご紹介しましょう。常に冷静であったり、物事に動じない姿勢をもつ人は、誰かにフィードバックをする際に、自分の言葉が相手にどれほど大きな影響を与えるのかということが、見えなくなりがちです。いつも冷静で、逆境にも強い人が、自分より繊細な人に対して、言いにくいことをズバッと伝えるシーンを想像してみてください。良い方向に働くこともありますが、レシーバー自身が圧倒されてしまったり、単純に受け止めきれるだけの精神的余裕がないこともあるでしょう。そうした場合、レジリエンスという強みが裏目に出てしまい、荒っぽくて冷たい印象を与えかねません。レシーバーに対して意図しなかった悪影響を与えてしまい、長期的な信頼関係にも傷が付いてしまう可能性すらあります。ですから、苦境にも強く、しなやかでいられる皆さんには、自分の言葉や態度が、フィードバックを受け取るレシーバーにとってどんな効果をもたらすのか、意識するようにしていただきたいと思います。フィードバックをする前には一度、相手に話しかけ、議論したいテーマを持ち出すタイミングとして適切かどうかを確認するようにしましょう。相手を支援したいという気持ちを伝え、信頼をベースにして、会話を始めるようにするのです。

Laura

リセットする：必要なときは、素直に謝罪する

　これまでのフィードバックの経験についてよく振り返ってみると、相手にうまくフィードバックができなかった、ぞっとするような記憶が思い出されるのではないでしょうか。驚くかもしれませんが、誰しもそんな経験があるものです。私たちは皆人間ですから、失敗することだってあります。フィードバックに驚き、落胆しているレシーバーとの信頼関係を取り戻すには、少しでも人間らしい姿を見せるのがよいでしょう。

　自らの間違いを認め、謝罪するのです。プライドを捨て、うまくいかなかった対話をやり直させてほしいと言って、傷ついてしまった関係性にリセット・ボタンを押してみましょう。気まずく感じるかもしれませんが、誠実に謝罪すれば、相手との間に信頼と公正性を取り戻せるようになるはずです。自分は完璧な人間ではないことを認めて、相手との関係性をより良くしたい、もっと違う結果もあるはずだという思いを伝えましょう。具体的には、次のような言葉で伝えるとよいでしょう。「先日話したときは、命令的に物を言って申し訳なかった。もっとうまくフィードバックができるようになりたいと思っているんだ。もし、もう一度チャンスをもらえるなら、この間の会話をやり直させてもらえないかな？　今日もう一度、一緒に取り組んでいるプロジェクトの計画について、話し合う時間をもらえないだろうか」

　一度言ってしまったこと、してしまったことは取り消せませんが、正直に、かつ謙虚に間違いを認め、自らを改めることに注力するのは可能です。短くても真摯な謝罪によって、どれほど相手との信頼関係を取り戻せるか、きっと驚くことになるでしょう。

カッコよく「求める」

　シーカーだけが「求める」のではありません。エクステンダーの役割を担っているときにも、適切な質問をすることで、フィードバックをより良いものにすることができるのです。たとえば、以下のような点について考えてみましょう。

　最初に尋ねる。一方的に相手にフィードバックを行うのは、非常に危険です。レシーバーが不意打ちを食らったように感じてしまったり、意図したか否かにかかわらず、自分自身をレシーバーより強い立場に置くことになってしまいます。フィードバックを行う前に、以下のことについて確認してみましょう。

- 丁寧なアプローチを心掛ける。フィードバックをしてもよいかどうか、相手に了承を得る。
- 今は適切なタイミングか、別の機会にしたほうがよいか、確認する。

● この場が適切かどうか尋ねる。適切でなければ、居心地が良かったり、プライバシーが守られるなど、レシーバーが安心して自由に話せるような、より適切な場所を見つける。

対話の進め方を尋ねる。シンプルに、いつ、どのようにフィードバックしてほしいか、相手に尋ねることで、フィードバックがより公正なものになります。レシーバーについてお話した章では、フィードバック・ガイドを紹介しました。このガイドを使えば、レシーバーとなる人がどのようなフィードバックを求めているのか、どんなことがトリガーになり得るのか、どうしたら相手の変化を後押しするようなフィードバックになるのかについて、知る手立てになるでしょう。チーム内や同僚間でフィードバックし合うことが奨励されている場合は、つながりをもつ際の互いの志向性やガイドラインを共有し合うために、きっと役立つはずです。どんなふうにフィードバックをしてもらいたいか確認するのに 10 分もかかりませんが、それだけで、より良い結果を導く関係性をつくることができるようになるのです。ぜひ試してみてください。

答えではなく、問いを持ち込む。「気づきのアート」を十分に活用できれば、勝手な決めつけや評価のない、事実をもとにした対話をすることが可能になります。フィードバックは、シーカーから求められる場合もあれば、レシーバーに承諾を得て行う場合もありますが、適切なタイミングで投げかけられた問いによって対話の質を高めることができます。効果的で、的を絞った問いがあれば、レシーバーは防衛ではなく成長へと向かうことができます。また、エクステンダーにとっても、思い込みがないか確認したり、よりレシーバーに貢献できるやり方を知ることができるようになるのです。

昨年、私自身も自分のフィードバックの公正性について、弊社のシニア・コンサルタントであるレインからフィードバックを受けたことがあります。私は、フィードバックはいつも「その場で、すぐに」行うのがよいと思っていました。フィードバックは、リアルタイムで行うのがよいといわれていますよね？　ですから、何百人ものクライアントや見込み客が集い、専門テーマについて話している真っ最中のレインに、すぐにメッセージを送ることにしたのです。このイベントはライブで行われていて、私は別の場所からそのウェビナーに参加していました。彼女は少し緊張して、話し方は少し大げさに原稿を読んでいるように聞こえたため、短いメッセージを送りました。「リラックスして。少し落ち着いて話すといいよ」と。私の中では、リアルタイムでコーチングを行って、彼女とつながり、励ましているつもりだったのです。自分だったらそうしてほしいですし、彼女もそのほうが喜ぶはずだと思っていたからです。しかし、まさにそれが、間違いだったのです！　後になって、レインからは、私のメッセージは彼女の承諾もなく、ライブのウェビナー中に送られてきて、これまで受け取ったフィードバックの中で、最も公正性に欠けるものだったと言われてしまいました。レインがその場で話し方を改善して切り替えるために、私のメッセージはまったく役に立たなかったと教えてくれました。むしろ自分の話し方が気になって、他の参加者も同じようにいら立っているのではないか、この動画を SNS や会社のチャンネルに投稿する予定だろうかといった、余計な考えが頭を駆け巡り、目の前の仕事に集中できなくなってしまったと教えてくれました。私のフィードバックがどのような影響を及ぼしたのかについて、レインが正直に話してくれたことに感謝しています。この出来事があった後、今後私からフィードバックをする場合は、いつ、どのようなやり方がよいかを2人で話し合いました。それは決して「ライブのウェビナー中、マイクが ON になっているとき」ではないことを、私は学んだのです。その日、レインからは多くのことを学びました。私は、どんなとき、どんな場所でも、「その場で、すぐに」行うフィードバックがよいものだと思っていましたし、私自身が、そのようなフィードバックを好むために、彼女も同じであると勝手に思い込んでいたのです。このときの失敗から、適切なフィードバックとして、いつでも通用する正しいやり方やスタイルがあるわけではなく、それは相手や状況によって変わるのだということを学びました。フィードバックに対してもつイメージや感じ方の多様性を尊重することが、フィードバックの公正性を高めることになるのです。

Laura

良いことに目を向ける

　ここまでで、ゴットマンの５：１の法則や気づきのアートについて学んできました。読者の皆さんも、挑戦的で間違いを正すようなフィードバックよりも、本質的でポジティブなつながりをベースとして、良い側面に目を向け、事実に基づいた気づきの共有が５倍多く行われるべきだということは、ご理解いただいているでしょう。

　何か良いことについてフィードバックを行うときには、心から、感情を込めて伝えるようにするのがよいでしょう。しかし、事実や詳細も重要になります。どんな称賛も具体的な事実に基づき、勝手な思い込みや決めつけをすることなく行われて初めて、信用してもらえるのです。「君は最高だね！」と言われて、反論する人はいないでしょうが、一度冷静になって考えてみていただきたいと思います。これだけだと、主観的な思い込みや決めつけであり、具体的ではありません。また、どうやったら「最高」で居続けられるのか、なぜそうすべきなのか、わからないままです。

　誰かを褒めるときには、以下のようなヒントを参考にしてみてください。

　具体的に言う。漠然としたものではなく、具体的な事実を伝えることができれば、どれほど巧みで、効果的な称賛となるでしょうか。こんなふうに伝えるとよいでしょう。「ウィルソン社の案件は見事だったよ、ヨシ。予算内に収まったし、締め切りも守ることができた。これで、ウェブサイトの『お客さまの声』も、君のクライアントからの推薦は３つになったしね」

　マネジャーやチームリーダーが率先する。マネジャーのほとんどが、自分はポジティブ・フィードバックを十分に行っていると考えているようです。しかし、ある研究では、マネジャーが思っているような、伝わりやすく、効果的なポジティブ・フィードバックができている人は、ほとんどいないことが明らかになっています。[1] また、第２章でも述べたように、マネジャーは、メンバーの成長や自身のリーダーシップにおいて、悪いところを指摘し、改善するためのフィードバックを重視し過ぎています。リーダーの真価の発揮は、ポジティブ・フィードバックの力にかかっているといえるでしょう。小さいものでも大きいものでも、成長や成功、高いパフォーマンスなど、メンバーの貢献を承認する

回数や頻度を高めることが、チームのパフォーマンスを高め、マネジャー自身がメンバーからリーダーとしての信頼を得る、最も効果的な方法なのです。

チーム内で習慣化する。 チームや同僚同士のフィードバックの機会をつくり、皆が互いにフィードバックを求めたり、提供することで、チームが前進するように働きかけましょう。そして、チームやグループを承認したり、誰かを皆の前で褒めるようにしましょう。しかし、人によっては人前で褒められることを好まないかもしれないので、注意が必要です。フィードバックの力が集団的に身につき、皆の中で当たり前の行動になっていくので、私は、チーム内でレコグニション（承認）やフィードバックを習慣づけるようにするのは、非常に効果的であると考えています。

サンドイッチ型は避け、フィードバックの目的を見失わないようにしましょう

> 【サンドイッチ型のフィードバック】（sh*t sandwich）（俗語）
> 相手にとって耳が痛いようなことを、受け止めやすい言葉で挟み込むことで、いたずらに飲み込みやすくすること。

　多くの人が、フィードバックの常套手段である、サンドイッチ型のフィードバックを経験したことがあるでしょう。実は、この言葉は英語版のウィキペディアにも掲載されているほど、広く使われているのです。

　批判的なフィードバックをすることは、誰にとっても気の進まないことです。居心地が悪く、嫌われたり、無視されたり、縁を切られるのではないかという恐れを感じてしまうのです。ですから、相手が受け止めづらいかもしれないと思うようなフィードバックをするときには、本来言いたかったことを優しい褒め言葉で挟むと、うまくいくかもしれないと考えるのです。

　もし、あなたがそんなサンドイッチを作っているとしたら、しかも、その常

習犯であるなら、レシーバーはすぐにそれに気づくでしょう。そして、それ以降どんなことを言っても信じてもらえなくなります。相手との信頼関係を傷つけ、意図しないうちに未来の関係性をも台無しにしてしまっているのです。

　本心からの褒め言葉や感謝を受け取るとき、つながりが生まれます。それは、誰にでもわかりやすく、疑いようもなく明らかなことです。そのとき、信頼が高まり、恐れが抑制されるのです。サンドイッチ型では、本心からそう思っていたとしても、真ん中の不快な情報によって、前後の褒め言葉まで不快なものになってしまうのです。

　では、受け取りづらいフィードバックを褒め言葉で挟み込んでしまいたくなる欲求を、どうしたら押さえることができるのでしょうか？

- 集中すること。厳しいことを伝えて対話しなければならないときには、ただそのことだけに集中するようにします。公正であること、集中することを意識して、上手に伝えることが大切です。そうすれば、より効果的なフィードバックとなり、レシーバーも率直に話したことを感謝してくれるでしょう。
- ポジティブ・フィードバックは、頻繁に、型にとらわれずに共有すること。魅力のないものを挟み込むためだけに、棚にしまいこんでしまう必要はないのです。

152

　私がコーチングを行っている、あるテレビ局で、リーダーになりた
てのクライアントがいます。ミカは、トップ・パフォーマーで、リー
ダーの役割に就いたばかり。会社からも期待されており、彼には
エグゼクティブ・コーチングの機会が与えられていました。一担当
者からリーダーになったことで、ミカは学習意欲にあふれ、中でも
自分のリーダーシップやフィードバックのスタイルをつくり出すこと
が、目標となっていました。コーチングが始まり、まずは、彼自身
が職場でどのようなフィードバックをしたり、受け取ったりすること
を好むのかを考えてもらいました。考えながら、彼は人前で自分が
レコグニションを受けるのは好まないこと、そして、新しいチーム
でも、メンバーに対して人前でレコグニションをすることは、おそ
らくないだろうと答えてくれました。それについて詳しく聞いてみる
と、人前でのフィードバックについて気づいたことを共有してくれた
のです。以前の上司は、毎日の進捗ミーティングや廊下で、メンバー
を褒めることに熱心だったそうです。私は「その何がダメなの?」と
尋ねました。皆の前で誰かを承認するのは、良い職場づくりには欠
かせないはずです。誰かに感謝したり、チームを称賛したり、良い
行いを評価するのは、良いことであるはずではないでしょうか。ミ
カによると、その上司の下で自分は頻繁に称賛されたにもかかわら
ず、いつもそれが期待に応えられていないメンバーへの非難のよう
に感じたというのです。上司が彼を称賛する際には「皆も彼から
しっかり学ぶように」といった皮肉っぽいことを言って終えていた
そうなのです。このような居心地の悪い体験を何度か繰り返し、ミ
カは上司から人前で褒められることに嫌悪感を抱くようになりまし
た。誰だって自分が仲間の成長目標としてさらされたくないし、上
司にひいきされているように見られたい人などいません。誰かを褒
めるときには、純粋な称賛を行うべきです。他人を批判するためで
はなく、良い目的のために活用するのです。

Laura

頻繁なフィードバック ＝ 高い学習効果

　チーム内で生み出されている小さな良い変化、関係性、互いへの理解、1つひとつのつながりに、私たちが気づくことはあまりありません。だからこそ、共に働く仲間と言葉を掛け合い、問いを投げかけ、振り返りを行い、アイデアを交換し合う頻度が高ければ高いほど、学習効果が高まるのです。

学校に通う年齢の子どもたちを対象とした臨床研究[2]では、学習のプロセスが始まる前、あるいは、その最中に、子どもたちにフィードバックを与えると、学習後にフィードバックされる場合に比べて、より効果的に学び、高い成果を上げるようになることが判明しています。このことから、子どもが物事を吸収していく際には、自らが学んだことや、わかっていることとわかっていないことについて、自分で振り返ったり、互いに共有し合っていることが考えられます。この学習プロセスの間、子どもたちは、自律的、主体的に学んでいたのです。
そして、大人もほとんど同じように学習をします。

　ここで、頻繁なフィードバックを行う際に気をつけるべきことが2つあります。1つ目は、繰り返し行うことを、相手がTo Doリストのように捉えないように気をつけます。周りの人に「また来た。同じ時間、同じ場所……、やるべきことを1つずつ完了させているんだな」と思わせないことです。モードを切り替え、自然で本質的な会話を行うようにしましょう。2つ目は、マイクロ・マネジメントになってしまわないように気をつけます。「まただ。私の仕事に踏み込んできて、細かいやり方を指示してくる」となってしまってはよくありません。相手とつながるためには、「どう、元気？」や「助けてほしいことはある？」という声掛けをするべきであり、評価や指示的なニュアンスは避ける必要があります。

一口サイズがベスト

　自分がエクステンダーとなる場合、情報はできるだけ少なく、相手が飲み込みやすい一口サイズにすることを心掛けましょう。レシーバーに考えてもらいたい提案や可能性、注力してもらいたい目標を1つだけ挙げるとしたら、何があるでしょうか?

　そもそも、なぜ一口サイズがよいのでしょう?　現代社会において私たちは、普段の生活でも、職場でも、フィードバックの際にも、常にさまざまな刺激のシャワーを浴び続けています。人間の脳は掃除機のように情報を吸い上げると、すべて混ぜ合わせて短期記憶として保管します。その後、その情報は捨てられるか、長期記憶として保存されるかに分けられて処理されることになります。もちろん、実際の人間の脳内ではもっと複雑なことが行われているのですが、要は、脳が一度に処理できる情報の量は限られているということです。研究によって異なりますが、人間の脳は一度に3〜7個の情報しか処理できないといわれています。「3秒ルール」というもので、自分でも試してみることができます。誰かが話している内容を聞き、どれだけ復唱することができるか、やってみましょう。3秒以上復唱できる人は少ないはずです。人間の脳が一度に記憶できるのが、たった3秒間の内容だけということです。

　ストレスのかかる状況下では、情報処理の能力はさらに低下します。フィー

ドバックを行う際に、不安や恐れをかき立ててしまうようなことがあれば、レシーバーの情報処理能力はさらに低下することになるのです。ハーバード・ビジネス・スクールのエイミー・エドモンドソン教授（Prof. Amy Edmondson）によると、「人は対人関係において恐れを感じると、能力の低下を招いてしまう」として、職場における「恐れ」は働く人の能力を下げる大きな要因の1つであると言っています。[3]

　レシーバーがフィードバックを受け取り、吸収できるようになるかどうかは、エクステンダーの支援の仕方次第です。情報量を減らせば、エクステンダーの負担も少なくなるはずです。重くなく、受け取りやすい、短く、一口サイズであることを心掛けましょう。それがフィードバックを行う際の肝なのです。

未来に目を向ける

　従来の直接的で問題解決型のフィードバック・スタイル（ピープル・ファーム社では親しみを込めて＜大声で叫ぶ指示・命令＞と呼んでいます）から、コーチングやつながりを意識したスタイルへと移行するのに、難しさを感じる人も多いでしょう。そのためには、良いフィードバックに関して共通のビジョンがもてるよう、対話していくことが有効です。

　シーカーやレシーバーと実現したい状態を共有し、そこに向かって協働することに合意できたら、信頼が生まれるでしょう。そして、その信頼関係は生涯続くものにもなり得るのです。そうした関係を築いていくために、以下のようなことについても考えてみるとよいでしょう。

　実現したい未来を想像してみましょう。今後身につけたい専門性やスキル、行動について共有し合うということは、将来の可能性や夢、ビジョンについて話し合うことにつながります。そして、これらについて話し合うことが、やる気やエネルギー、情熱を生み出すのです。

　自分が話したいことではなく、相手の未来について話す。エクステンダーが実現したい状態を「君には、レベル3のプログラマーになってほしい」としか

伝えなければ、相手は「もっと頑張ってくれ」「レベル3のプログラマーが見つからないので、君を指名しておくよ」などのように、隠れた思惑があるのだろうと勘繰ってしまうかもしれません。

最後まで共に取り組む。良いことも悪いことも、共に乗り越えるというのが、コミットメントです。苦労なくゴールにたどり着くことができる旅など、無いに等しいのです。

実現したい状態をしっかりと共有した上で、相手と会話したり、つながりを生み出すことができれば、エクステンダーとして、成長を支援し、成功へと導く準備ができていることを、相手に示せるでしょう。

ダメ出しではなく、成長したことを伝える

ビジネスのスピードが速く、スーパーマンのような人が重宝され、ソーシャルメディアにあふれた時代において、小手先でない専門性を磨いたり、うまくいくやり方を見出すには時間がかかるということを人は忘れがちです。どんなことも、突然うまくできるようになるわけではありません。これは、フィードバックや他者の成長支援についても、同じであることを忘れてはいけません。そのためには、長期的なビジョンに向けた成長を計画し、支援し、認めるようなアプローチが必要となります。具体的なやり方を以下にご紹介したいと思います。

ブレークダウンする。エクステンダーは、コーチの役割を担うことが多いでしょう。そうした役割をうまく活用し、周囲のメンバーに対して、本人が描く長期的な夢や目標につながるような成長とはどんなものかを考えてみるよう促してみましょう。たとえば、「それを実現するためには、どんなステップが必要だろうか？」といったシンプルな問いを投げかけてみます。そうしたステップについて合意をしておくと、後は計画に沿って成長できているかどうかに注意して、「気づく」習慣をつければよいのです。

良い変化を認める。相手の行動に良い変化が現れたとき、どんな成長に気づいたのかについて会話する時間を設け、それを認めてあげることを忘れないようにしましょう。成長を認めるということは、さらなる成長を促す強力なモチベーションにつながり、関わる人が成長志向であり続けられるでしょう。

方向を変える。もし、相手の振る舞いや行動が、実現したい状態に対して逆効果になってしまうなど、合意したステップからそれてしまっても、うまくいかなかったことにこだわり過ぎたり、相手の人間性を正したりしないようにしましょう。今起きていることと、目指している場所に到達するために必要なこと、つまり現状と実現したい状態を比較して話し合うようにしてみます。決めつけられたり、罰せられていると感じさせないように気をつけながら、改善できることや変えられることを探求してみましょう。

事実だけ、述べる

具体的で、事実に基づき、中立的で焦点が定まったフィードバックは、たくさんの情報と気づきをもたらしてくれます。

> 1万9千人の従業員を対象としたある研究では、パフォーマンス向上に最も影響を与える要因として、「マネジャーが行うフィードバックが、自分勝手な評価ではなく、部下を観察し、自らが見たり、体験した具体例に基づいた事実であり、かつ公正であるかどうか」が挙げられています。[4]

そこで、新しいフィードバック・エクステンダーのスタイルを実践するにあたって、検討しておくべきポイントを、以下にご紹介したいと思います。

事実を話す。公正なフィードバックを行うためには、具体的、かつ正確で、適切な事実に基づくものでなければなりません。フィードバックを行う準備をする際には、あなたが気づき、集めた情報が、事実に基づいているかどうかを確かめるようにしましょう。もし、自信がない場合は、以下のような問いを自

分に投げかけてみます。

> » これは事実だろうか？　自分はどうやってその事実を知ったのだろうか？
> » その事実を伝えるのに役立ちそうな、具体例や実例はあるだろうか？
> » 自分が観察したことに基づいているだろうか？　フィードバックの内容
>   に関係のあることだろうか？

中立を保つ。ニュートラルな話し方でフィードバックを行うことは、必ずしも自分の弱さを見せたり、感情のないロボットのように振る舞うということではありません。むしろ、ニュートラルであるということは、レシーバーに対する勝手な評価や判断、決めつけの言葉ではない、事実に基づいた具体的なフィードバックであるということなのです。たとえば、ルークが昨日のグループミーティングでのコミュニケーションの仕方について、フィードバックを求めてきたとします。もし「昨日の君は高圧的で、チームのテンションが下がった」と返したとしたら、いくら具体的に気づいたことを付け加えたとしても、ルークへの評価や決めつけが含まれてしまっています。そうした評価や決めつけがあるだけで、恐れのスイッチが入ってしまい、両者のつながりは絶たれてしまうでしょう。また、こうしたルークに対する評価は、エクステンダーが自らの権力を行使していることにもなり、レシーバーであるルークは、防衛的な態度でその後の会話をやり過ごすことになるでしょう。

> もし職場で、まだ部下の評価段階づけ（レイティング）やランキングを行うよう求められている場合は、そうしたものを強調し過ぎないようにすることをお勧めします。レイティングやランキングは、先にも述べたような評価や判断の1つといえるからです。私たちは数字ではなく、人間なのです。本人が発揮したコンピテンシーやスキル、その行動が、他者にどんな影響を与えているのか話し合い、評価によるネガティブな影響を最小限に抑えるようにします。

うわさに左右されない。事実のみを伝えるということは、ゴシップやうわさ話、当てつけ、陰口といった、信頼や信用を失うような言動をしないというこ

とです。自らが直接観察した出来事についてのフィードバックであること、事実に基づいていること、相手の役に立つような具体的情報であることを確かめましょう。「みんなが…と言っている」とか、「オフィスで…と聞いた」「風のうわさでは…」といった言い方では、必然的に被害妄想や怒りの感情につながってしまいます。罪のないメッセンジャーを装って、自分の言葉に責任をもたないなんて、フェアではないと思いませんか?

結果や具体例を共有する。適切なフィードバックを適切なタイミングで提供するには、その行動から生まれる結果や、それがもたらす影響を共有する必要があります。そうすることで、原因と結果のつながりが伝わりやすくなり、レシーバーが、自らの行動にはどのような影響があり、今後どんなことに注力したらよいか、理解しやすくなります。何か称賛すべき点に気がついたら、自分が考えたこと、感じたことに加えて、相手の行動によって生まれた結果も共有してみましょう。メンバーが提案したプロセス改善のアイデアが顧客満足度につながったのなら、「プロセス改善の提案、良かったよ!」という言葉を掛けるだけで終わらせずに、もう一歩踏み込んで、本人のアイデアがビジネスにどんな効果をもたらしたのかを話してみましょう。フィードバックの点と点をつなぎ合わせ、日々の仕事が、組織や仲間に対してどんな影響を及ぼしているのかについて、理解を促せば促すほど、熱意やレジリエンス、変化への意識が高まっていくでしょう。

　先ほどのルークの例に戻ってみましょう。ルークが発言している間に、他のメンバーが首を傾げて、思考停止に陥っているのに気づいたとしたら、観察された事実に基づいた自分の評価・判断を共有するのではなく、観察された事実だけをシンプルに共有するようにします。彼の行動による結果についても、自分が見た通りに共有することで、ルーク本人が原因と結果をつなげて理解できるようになり、次のミーティングでより良い貢献をするためには、どうすればよいかを、ルーク自身が主体的に考えられるようになるでしょう。
　行動によって生み出される結果が、より身近で、かつ共感できるようになればなるほど、レシーバーはフィードバックを受け取りやすく、また行動に移しやすくなるというのも注目すべき点です。たとえば、組織心理学者で、ニューヨーク・タイムズのベストセラー『ギブ・アンド・テイク:ホワイ・ヘルピン

グ・アザーズ・ドライブズ・アワ・サクセス（Give and Take : Why Helping
Others Drives Our Success)』(邦題『GIVE & TAKE「与える人」こそ成功
する時代』）の著者でもあるアダム・グラント（Adam Grant）が、ある研究
を引用しています。その研究では、放射線科医がレントゲン写真をどれくらい
正しく読み取れるかについて調べたところ、レントゲンと共に患者の写真を見
た場合には、そうでなかった場合と比べて、正確さが43%も向上しました。
このことについて、グラントは「患者本人の写真を見せることで、診察行為が、
骨折部分を探すということから、命ある人間の回復を支援することに変化して
いる」と語りました。

私が正しい。あなたも正しい。みんな人間（バイアスの影響）

　人間の脳内には、大量の情報が押し寄せてくるため、意思決定を行う際に近
道ができるように進化してきました。たとえば、人は自らがもつステレオタイ
プに合わせて、他者を分類してしまいがちです。できる人とできない人、価値
があるかないか、信頼できるか疑わしいか。残念なことに、人間は他者をすぐ
にカテゴライズする傾向があるため、気づかないうちに人や特定のグループに
対して評価・判断を下してしまうのです。公正性を重視するムーブメントに賛
同してくださるエクステンダーの皆さんには、人の思考に影響を与えるこうし
たバイアスについて認識し、是正する努力が必要となるでしょう。

　自分のバイアスに気づくために、どんなことから始めたらよいのでしょうか？

● ワシントン大学、ハーバード大学、バージニア大学の研究者が開発した、
　Implicit Association Test（IAT、潜在的連想テスト：英語版のみ）[5]を受
　けてみましょう。このテストでは、自分が人種や性別といったものをどれ
　くらい関連づけて思考しているか、一般的なステレオタイプをどう評価し
　ているかについて、測定することができます。受けてみると、たくさんの
　気づきがあるかもしれません。
● フィードバックのタイミングに注意しましょう。自分が疲れているとき、
　急いでいるとき、ストレスを感じているときなどは、バイアスの影響を受

けやすいものです。

● 事実なのか、自分の思い込みなのか、確認するようにします。「気づきのアート」を活用して、行動や意図、そこから生まれた結果などを具体的に説明できるようにしましょう。「これは事実だろうか？ それとも、相手に関して何か思い込みをしていないか？」と自分自身に問いかけるのです。

● 自らがもっていそうなステレオタイプとは異なる考え、画像や言葉に触れてみるようにしましょう。

　思い込みやバイアスがかかったフィードバックは、間違いなく信頼関係を破壊し、相手を落ち込ませたり、エンゲージメントを低下させたり、職場環境を悪化させてしまうことになりかねません。それだけでも、リーダーやマネジャー、その他のエクステンダーが、フィードバックの場面で思い込みや評価・判断を積極的に避けるべき理由としては十分ですが、これは職場のダイバーシティやインクルージョンを実現することにもつながっていくのです。

相手の反応が芳しくないときには……

　フィードバックの最中、レシーバーが明らかに居心地の悪さを感じているのに気づくという体験をしたことが、誰しもあるはずです。そのようなとき、相手の反応に気づかないふりをするのではなく、以下のような選択肢について考えてみていただきたいと思います。

　中断する。自分のフィードバックに対して反論があった場合、まだ最後まで話しきれていなくても、一度中断すべきでしょう。レシーバーが恐れや不安に押しつぶされそうになっている可能性もあるため、そのまま続けてしまうのはよくありません。このタイミングで、「最後まで言わせて」という言葉は適切ではないのです。もし立ったまま話しているのであれば、部屋の反対側に向かってゆっくりと歩いてみましょう。座っている場合は、ノートに走り書きをしたり、水を一口飲むようにします。4−7−8の呼吸法がここでも役立つでしょう。

中断するのは数秒かもしれませんが、その間にエクステンダーとレシーバーの両方が、心を落ち着かせることができます。

相手の懸念を認識する。相手が示す疑いや拒否反応に同意する必要はありませんし、フィードバックが公正で正確なものであると思うなら、撤回する必要もありません。ですが、レシーバー側から発せられた懸念点にも耳を傾ける必要があるでしょう。この場合、共感が重要になってきます。「君がそう感じてしまう気持ちもわかる」「あなたがその心配をする理由も理解できる」といった声掛けができるとよいでしょう。

相手の反論を捉え直し、さらに深めるような問いを投げかける。相手の反論を問いの形に置き換え、そこから対話を始めてみましょう。この場合、何よりも自分の正しさを証明したいという気持ちは手放すことが大切です。たとえば、もしレシーバーが「私だって、あのプロジェクトでのあなたの振る舞いが気に入らないと感じました」と言ってきたら、このような問いに変えてみましょう。「そのときの私の振る舞いが、今話していることとどうつながっているのか、もう少し話してみてくれませんか？」

質問して深堀りする。フィードバックに対して即座にネガティブなリアクションがあった場合、相手がフィードバックの内容を理解するためには、もう少し詳しい情報が必要なのかもしれません。エクステンダーのほうも、相手の考えを理解するためには、もっと情報が必要な場合があります。その際には、尋ねてみればよいのです。「一緒に仕事をする中で、あなたが感じている課題をもう少し聞かせてもらえませんか？」「プロジェクト内で支援が得られなかったということですが、もう少し具体的に、いつ、どんなときに失望してしまったのか、教えてくれませんか？」といったふうに。一般的には、こうした問いによって対話が始まり、フィードバックを受けてどうしていけばよいのか、レシーバーが今後成長していくためにはどうしたらよいのかといった具合に深めていくことができるでしょう。たとえば、レシーバーの反応に対して、このように応えることができるかもしれません。「ああ、あなたが考えていることがわかってきました。もう一度話し合って、お互いにとって良い解決策がないか、考えてみませんか」

リセットする。レシーバーが「あなたの言う通りだ」とか、「わかりました。おっしゃる通りにします」など、明らかに白旗を掲げて迎合しようとしているのであれば、より率直な反応ができるよう、クールダウンする時間を設けてみましょう。すぐに何か意思決定を下す必要はないことを伝え、数日後にもう一度話し合う時間を設けてみます。（もし数日も待てない緊急の要件であるとしたら、そもそも相手に話しかけるのが遅すぎたといえるでしょう！）

イライラしたままにさせない。不満そうにイライラしたり、黙り込んでしまったレシーバーとつながり、対話を始めるのに有効な問いは、シンプルです。「今どんなことを考えているか、教えてもらえますか？」この問いによって、レシーバーに自身が望む（理想的には、ポジティブな）方向へ、対話をリードする力を与えてあげることができます。それでもレシーバーの反応が思わしくない場合は、この選択肢のリストを上からやり直すのがよいでしょう。一度中断し、数分でも１日でも、生産的な対話の準備をする時間を取るようにします。

計画を立てる

この章全体に流れているテーマをご理解いただけたでしょうか。エクステンダーの役割を成功させるためには、古い考えや習慣を手放し、新しい考えを受け入れる必要があります。変化が求められているのです。どんな変化も、成功させるためには計画を立てることが重要です。これからエクステンダーの道を歩み始める皆さんには、以下の５つの問いについて考えてみていただきたいと思います。

- 他者とつながる力を高めるには？
- 何から始めたらよいだろう？
- リセットする必要がある仲間はいるだろうか？
- 自分自身や他者に、期待させていることはないか？
- 受け入れるべき変化（たとえば、手放すべき習慣や取り入れるべき習慣）

には、どんなものがあるだろうか？　答えが出ないときには、誰に聞いた
らよいだろうか？

　答えを書き留め、折を見て見直し、アップデートするようにしましょう。そ
して、すぐにうまくいかなくても自分を責めたりせず、経験から学び、成長す
るのです。最後に、的を絞ったフィードバックの力を、まずは自分の周りの人
に示すことを使命としていただきたいと思います。そのフィードバックは、頻
繁で公正、一口サイズでわかりやすく、具体的であり、より良い未来に向けて
成長できたことを祝うものです。

第9章

フィードバック実践のためのシナリオ集

この章は、多くの同僚や仲間たちの協力のもとで書き上げました。彼らが聞かせてくれたのは、自身のキャリアや人生、周囲の人との関係性に影響を与えたフィードバックのストーリーです。また、そうしたストーリーを聞かせてもらう中で、みな口をそろえて「リアリティのあるものにしてほしい」という、本書を制作するにあたってのまさに「フィードバック」をくれたのです。「この本に書かれている内容はどれも役立ちそうだけど、難しい状況になったときに、どうしたらいいのか、なんと言ったらよいか、もっと具体的に教えてもらえないかな。実際のストーリーや事例があると、この考えをもっと活用できると思う」と言ってくれたのです。そこで、そうしたリクエストに応え、聞かせてもらったストーリーをもとに、これから紹介するシナリオを書き上げました。ぜひ、これらを試してみて、自分に合うように手直ししながら、皆さん自身のフィードバック・ムーブメントに活用していただきたいと思います！

Laura

シーカーの実践：自ら求めて、良い結果につなげる

　あなたは、今担当している仕事で「良い評価」を得ようと頑張っています。しかし、フィードバックは十分にもらえていません。組織には、決まったキャリアパスや育成プランはありませんが、良い上司に恵まれ、今の仕事からたくさんの学びを得ることができています。今、あなたは次のステップにチャレンジしたいと考えており、そのために自分が注力すべきポイントはどこにありそうか、意見を聞きたいと思っています。そこで、新たなフィードバックの世界で、素晴らしいシーカー（求める人）となるにはどんなふうにしたらよいのか、ご紹介したいと思います。

注意して見てもらえるよう、依頼する

　「私って、うまくやれていますか？」といった漠然とした問いではなく、焦点を絞って、上司に尋ねたいことを考えてみます。代わりに、こんなふうに具体的で明確な問いを選択するのです。「私の仕事ぶりや振る舞い方について、気づいたことはありますか？」この問いによって、耳障りの良くないフィードバックをしても構わないのだということを上司に理解してもらい、自分では気がつかなかったことに気づけるようなフィードバックが得られると、さらによいでしょう。

　こうした依頼を受けて、その後上司はフィードバックをくれます。彼のフィードバックは大胆で率直です。「時々、君は自分が周りからどう見えているのか気づいていないようで、心配になるよ。君は成果に気を取られ過ぎて、自分を助けてくれた周囲のメンバーに感謝するのを忘れてしまっているように見える」。おっと、これは少し傷ついてしまうフィードバックですね。でも、ここで深呼吸をして、「大丈夫、受け止められる」と自分に言い聞かせます。そして、あなたは「もう少し詳しく知りたいので、たとえば、どんなときにそう思われたのか教えてくれませんか？」と尋ねるのです。

計画を立てる

　あなたは上司と話し合って、「エクステンダー・リスト」を作ることにします。知り合いの中で、自分にとって新しい気づきを与えてくれそうな人を複数選ぶのです。まずは、同僚のキャロル。彼女のコミュニケーションのスタイルや仕事の倫理観が素晴らしいからです。もう一人はジェーン。彼女とは意見が合わないことが多いため、コンフォート・ゾーンを出て新しい気づきを得るためです。おそらくジェーンは、上司が指摘したようなあなたの振る舞いによって、影響を受けているメンバーなのではないかと考え、ジェーンとの関係性を再構築する機会にもなると期待しています。これはシーカーとしての行動の中でも、レベルが高いといえるでしょう。エクステンダー（提供する人）の中に自分と関係性の良い人だけでなく、批判的な人も加えることで、多様な視点を得て課題に向き合うことができるからです。「どんな人からも学ぶことができる。たとえ、ジェーンからでも」と思えるのは、あなたがグロース・マインドセットの持ち主でもあるといえるでしょう！

「エクステンダー・リスト」の人と話す

　複数のエクステンダーをリストアップできたら、実際にフィードバックを求めにいきましょう。

● **尊敬する同僚にフィードバックを求める。**あなたはキャロルをランチに誘い、自分は今の仕事でもっと成長していきたいと考えていること、それをかなえるためにフィードバックをもらいたいメンターとして、彼女を選んだことを伝えます。キャロルは自分の上司ではありませんが、素晴らしいチームビルディングのスキルをもっているからだということも、併せて伝えます。すると、キャロルはあなたのフィードバックに感謝します。（やりましたね、これであなたもエクステンダーです！）そして、キャロルは部内のチーム運営でうまくいっていることや、難しいと感じていることなど、彼女の考えを聞かせてくれます。最後に、あなたにコーチングを数カ月間行うことに合意してもらい、来週あらためて話す機会をもつことになりました。

- **異なる意見をもつ仲間にフィードバックを求める。** 翌週、ジェーンに声を掛け、散歩がてら話をすることにします。ジェーンは運動が大好きなので、会議室に座って重苦しい会話をするよりも、休み時間に歩きながら話すほうが、気軽に話せるだろうと考えたからです。まずは、もっと良いチームプレーヤーになりたいと考えていることを伝え、最近はそれが実践できていなかったことに対して謝罪します。そして、「チーム会議でのやりとりに関して、どう感じているか教えてほしい。特に、私がやったこと、やらなかったことで、フェアじゃなかったことがあれば教えてほしい」と伝えます。ジェーンは少し考えてみると言って、あらためて話し合う時間を取る約束をしてくれました。

行動に移す

　動き始めましたね。キャロルからは欲しかったフィードバックがもらえました。ジェーンとは、あらためて会話する機会を得て、彼女のフィードバックを受け止める準備もできています。そこで、上司に状況を報告し、上司にもその後何か気づいたことはないか聞いてみました。チームメイトとも、少しずつ自然と協働できるようになっています。また、時々振り返りを行い、うまくいっていることや、他にどんなことが自分の成長につながりそうか、考える時間も取れるようになっています。そして、数カ月後、この取り組みの最大の成果が表れます。ジェーンに散歩に誘われ、フィードバック・シーカーになるやり方について、あなたにメンターになってほしいと言われるのです！

レシーバーの実践：沈黙や迎合を避ける

　毎週、あなたが作成したブログの内容について同僚からフィードバックをもらう会議があります。あなたは、自分のクリエイティビティには自信があるため、時々この場で仲間からもらうフィードバックを受け止めるのが難しいことがあります。

　今週のレビュー会を終えると、ブログの責任者から、会議でフィードバック
をもらったり、皆で修正案を検討している間、あなたがすぐにやる気を失って
落ち込んでいるように見えたと言われます。彼女は、あなたのアイデアが歪曲
されてしまって、考えていることとは違うように修正することになってしまっ
たのではないかと心配していたのです。

　あなたは、このブログの責任者からのフィードバックが気になって、これま
でのことを振り返ってみることにします。確かに思い返してみると、編集主任
に記事のテーマを押し付けられたとき、反論しませんでした。それから最近、
相手と議論し合うことが気まずいからといって、自分が大切だと思う文章を削
除することに応じたこともありました。こうして、信頼する仲間からもらった
フィードバックについて繰り返し考えた結果、次回のレビュー会では違うやり
方を試してみようと考えます。次の会議では、もっと上手にフィードバックが
受け止められるよう、相手の話に耳を傾けたり、防衛反応に陥らないように気
をつけながら、迎合せずに、自分の意見を述べてみようと考えています。

実現したい未来を描く

　このブログは、自分の履歴書のようなものです。あなたには、将来なりたい
ライター像があり、今もこれからも扱っていきたい、自分にとって大切なテー
マも決まっています。そこで、記事にしたいと思えるテーマとそうでないもの
を、時間をかけて明らかにしました。こうした準備を重ねることで、自信をもっ
て次のレビュー会に臨むことができそうです。

計画を立てる

　編集者の核心を突いた指摘によって、感情的になってしまいがちであること
を認識しているのはよいことでしょう。認識していることで、編集者の振る舞
いをコントロールできなくても、自分自身が彼にどう反応するかについては、
自分でコントロールすることができるからです。また、フィードバックに対し
て、黙り込んだり、諦めてしまうような反応は、自分自身をフィックスト・マ

インドセットに陥らせてしまうため、理想的ではないこともよく理解しています。こうした考えをもとに、今後の会議で冷静に相手の話に耳を傾けるにはどうしたらよいか考え、計画を立てます。ページの両側にメモを取るやり方があるかもしれません。片側には、会議中に提示された反対意見の中で取り入れたいもの、もう一方には、手放すつもりの意見を書くようにします。また、感情的になってしまったときの緊急対応のプランも検討します。一度深く息を吸い込み、ゆっくりと吐き出し、「相手の意見に耳を傾け、選択すればいいんだ」と言い聞かせるのです。

フィードバックに向き合う

　仲間からフィードバックをもらう会議の最中、防衛的に反応してしまいそうになったら、一度立ち止まり、あなた自身が扱っていきたいと感じているテーマと照らし合わせて、耳を傾けてみます。会話の流れが早いと、付いていけないように感じるかもしれませんが、そんなときは、「少し時間を取って、もう少しそのことについて話してみませんか」と、仲間に伝えます。そして、相手への評価・判断を加えず、落ち着いてあなたの考えを伝えた上で、相手の考えを具体的に尋ねてみます。「気候変動についての記載を削除したいとお考えになる理由はわかるのですが、私の意見は少し違っています。このセクションは、全体の中でもメインテーマとなる部分だと感じているので、ここを変えてしまうと、記事の論調が変わってしまうように思うのです。ここを削除することは、どれくらい重要なことでしょうか？」こうして問いかけることで、意見の相違を認めつつ、防衛するのではなく、話し合いをする姿勢が表明できます。こうした姿勢は対話を促進し、あなた自身の考えを大切にしながら、フィードバックも取り入れられるような解決策を見つけることができ、結果としてより良い記事を生み出せるようになるのです。

レシーバーの実践：最も難しい（でも、最高の）フィードバック

　あなたは、所属しているNPOで、現在の中堅ポストから、新しい部署の責任者への昇進を希望しています。あなたはこれまで、財務、人事、人材開発をはじめとする管理部門の責任者も経験し、順調にキャリアを歩んできており、CEOやCFOとも協働してきたこともあり、自分こそが適任であると考えています。また、あなたはもう一人有望な候補者であるナルのこともよく知っています。彼は、キャリアとしてはあなたと同じような道をたどってきていますが、勤続年数でいうと、あなたの半分くらいしかこの組織で過ごしていません。もし、あなたがこのポジションを得ることができたとしたら、ナルはあなたの部下として働くことになります。ナルは素晴らしい仕事をする人で、周囲の人からも尊敬されていますが、率直になり過ぎて、人を傷つけてしまうこともあるようです。

　選考の結果、あなたはそのポジションを勝ち取ることができませんでした。しかし、あなたは今でも自分が選ばれるべきだったと感じ、怒りや屈辱の感情を抱えています。そうした中、あなたは職場を出て、ナルに電話をかけ、「お祝い」の気持ちを伝えることにします。ところが、扁桃体に支配されているため、「やあ、ナル。おめでとう。えっと、何が起こったかよくわからないけど。本当は、私が選ばれるはずだったと思うんだ。まあいいんだけど。とにかく、良かったね」という言葉しか掛けられません。それに対し、ナルはいつもの無愛想な調子で、これまで受け取ったこともないほどパワフルで、耳が痛いフィードバックを返します。「いや、この仕事は君がやるべきじゃないよ。なぜだかわかる？　君は傲慢なんだよ。もちろん、君には強みもたくさんある。目標をいつも達成したり、組織内のことにも詳しい。素晴らしいビジョンを描いて、それを実現する戦略もつくることもできる。でも、メンバーとは距離があるし、みな君の下で働くのを嫌がってるんだよ。私はこの仕事ができることを光栄に感じているし、メンバーのことを尊敬して、大切に感じている。それが、私が選ばれて、君が選ばれなかった理由だと思うよ」

173

すぐに反応しない

　あなたは、ただただ頭に血が上って、怒りを感じます。しかし、あなたは賢明にも、今の自分は冷静ではないと感じ、週末の間にゆっくりと考えることにします。土曜日の朝、長い散歩をしながら、ナルからのフィードバックについてじっくり考えることにしました。まずは、自分が感じていることを言葉にしてみます。気持ちを振り絞って、率直に感じていることを書き出してみます。「不意打ちを食らった。傷ついた。どうしたらいいか、わからなくて怖い」と。また、自分を肯定する必要も感じます。ナルに指摘された課題より、彼も認めてくれた強みのほうが自分のアイデンティティの多くを占めるのだと、時間をかけて自分に言い聞かせます。こうした自己認識があると、恐れに対する身体的反応を減らし、批判的で心に大きなダメージを与えるようなフィードバックも受け入れやすくなります。そして、仕事での自分は、自分のアイデンティティの一部でしかないことも、言葉にしてみます。あなたは友人を助けるのが好きで、地域のコミュニティにも積極的に参加しており、妻や二人の子どもを愛する夫であり、父でもあるのです。視野を広げることで、ナルのフィードバックも適切に捉えることができ、翌朝からは前に進むことができそうです。その夜、あなたはナルに電話をかけ、謝罪の言葉と心からのお祝いの言葉、そして、翌週にもう一度話がしたいと伝えました。

より深く尋ねる

　翌週、ナルに、自分の強みをたくさん認めてくれたこと、そして課題についても、率直かつ耳の痛いフィードバックをしてくれたことへの感謝を伝えます。そして、シーカーとなったあなたは続けます。「先日言ってくれたことの中で、特に私が『傲慢で、メンバーと距離があって打ち解けていない』という部分について、もう少し詳しく教えてくれないか。将来この組織で、みんなのリーダーになっていきたいと思っている。だからこそ、この前指摘してもらったように改善すべき点があると思う。より良くしていくために、まず注力したらよいのはどんなことだろう？」

エピローグ：「認めさせたい（Prove）」から、「成長したい（Improve）」へ

　ナルのフィードバックは、伝え方こそ完璧ではありませんでしたが、的確なものでした。幸運にも、あなたは新たにレシーバー（受け取る人）としてのスキルを身につけ、耳の痛いフィードバックを受け止めることができました。自分こそが選ばれるべき存在であると証明（Prove）しようとすることから、リーダーとしてのスキルを高め（Improve）ようとする姿勢にシフトすることができたのです。その後、あなたは意識を未来に向け、ナルとのコーチングや信頼関係に助けられながら、部下や仲間へフィードバックを求めたり、自分のスタイルを変えるために努力してきました。翌年には、別の組織でリーダーの役割を担うことになり、気持ちも新たに、さらに成長し続けることになりました。ナルの深く、率直なフィードバックには今でも感謝しています。強みだけでなく失敗したことも、率直にフィードバックすることを恐れないメンターや同僚がいてくれたおかげで、あなた自身も彼らの声に耳を傾け、未来志向の成長を目指したことで、キャリアの方向性を変えていくことができたと感じるようになりました。

エクステンダーの実践：何もないまま……ある日突然、いっぺんに！

　あなたはマネジャーの役割を担っています。部下のマイ・リンは、チームの中でも優秀なプロジェクト・マネジャーで、海外にある工場の販売フロアをデザインするという、200万ドルのプロジェクト・チームのリーダーをしています。しかし、重要なマイルストーンであった締め切りに間に合わず、怒ったクライアントから、あなたに電話がかかってきます。

　マイ・リンは、これまでも締め切りに遅れてしまうことが時々ありましたが、総合的には優秀なメンバーといえるでしょう。フィードバックは「その場で、すぐに」行うのがよいとはわかっていますが、彼女は時差もある外国の地にいるため、いったん時間を置くことにします。以前、彼女が締め切りに間に合わなかったときには、社内の重要プロジェクトを任されていましたし、メンバー

175

も彼女を慕っており、彼女自身も誰よりも一生懸命やっていたため、彼女に対して何も言いませんでした。また、シックスシグマ・マスター・ブラックベルトという、プロジェクト改善の資格認定要件を満たす女性は、社内には彼女の他に数人しか残っていなかったこともあります。しかし、先ほどクライアントからもらった厳しい言葉によって、あなたは激しいストレス反応を引き起こしてしまい、受話器を取って、それをマイ・リンにぶつけてしまいます。「マイ・リン、今日クライアントにあんなに厳しい言葉を掛けられるなんて、まったく不愉快だったよ。君のせいで締め切りに間に合わなかったし、次の入札に勝つチャンスも潰してくれたね。締め切りを破ったのはここ数カ月でもう5回くらいになるんじゃないか。一体どうなっているんだ?」

自分のバイアスを確認する

マイ・リンにしてみれば、これまで締め切りのことについて何も言われたことがなかったので、マネジャーであるあなたはそのことを特に問題だと感じていないのだと思っていました。この場合、あなたは何か1つの特徴や出来事から、その人に対して全体的に良い印象をもってしまう、ハロー効果というバイアスの影響を受けている可能性があるでしょう(この場合、1つの特徴というのは、マイ・リンが誰もが待ち望むシックスシグマ・マスター・ブラックベルトの認定候補者であったということです)。

頻度を高める

「気づきのアート(FAN)」を実践し、マイ・リンと頻繁に会話することで、彼女が重要な業務を担当していること、仕事がうまく進んでいてもいなくても、彼女を支援したいと考えていることを伝えます。

意図を確認する

　まず、このフィードバックが誰のためのものなのかを、自分に問います。あなたはクライアントから怒られてしまって感情的になっていますし、締め切りの遅れに気づかなかった自分を恥ずかしくも感じました。ただ、フィードバックをする前には、伝えたいメッセージが何かをじっくりと考えてみる必要があります。それは、マイ・リンの学習や成長を目的としたフィードバックになっているでしょうか？　それが確認できてはじめて、本人に話し掛けるようにします。自分の感情を発散させるだけが目的であれば、黙っておきましょう。

相手をおとしめたり、批判しない

　「君のせいで締め切りに間に合わなかった」というのは、一方的な決めつけを含んだ言い方です。フィードバックの際には、事実に基づき（「どうして締め切りに間に合わなかったの？」）、その影響を公正に説明する（「締め切りに間に合わないと、来年の受注を失うことになりかねない」）ほうがよいでしょう。また、あなた自身が落ち着いて話ができるような工夫をしながら、さらなる問題が起きるのをどうしたら防ぐことができるか、対話するようにします。たとえば、こんなふうに伝えるとよいでしょう。「このプロジェクトを期限内かつ予算内に収めて成功させたいと思っている気持ちは、君も私も同じだと思う。先週起こったことを教えてもらいながら、これ以上同じことが起きないようにするにはどうしたらよいか、一緒に考えさせてくれないかな？」

相手が未来志向になれる支援をする

　マイ・リンへの信頼を取り戻しましょう。彼女の行動や仕事のプロセスを変えるよう求めるのではなく、スケジュール通りに仕事を進めれば、彼女自身のキャリアにとっても良い影響があることをイメージできるようにします。「将来、君がスケジュールを厳守できるリーダーだという評判を得るためには、今何をするのがよいだろう？」などと聞いてみるのもよいでしょう。本人が未来

をイメージする支援を行うことで、内発的な動機を生み出すことができ、短期間で、長続きする成長を遂げられる可能性がずっと高まるのです。

エクステンダーの実践：知らなかったメアリーの事情

　メアリーは月曜日の朝礼にいつも遅れてきます。また、彼女が仕事の後によく飲みに行くのを知っているので、あなたは、彼女の度重なる遅刻はそのせいではないかと考えています。ある月曜日の朝、メアリーは朝礼に15分ほど遅れてきます。もうこれで3週連続になります。あなたは、彼女があなたやチームのことを軽視しており、必須の会議であるにもかかわらず、わざと遅れてきているのではないかと感じてしまいます。そこで、メアリーに声を掛け、彼女の飲酒について、そして、9時の会議に遅刻してくることについて、話がしたいと伝えます。

　メアリーとは個室で話し合うことにしました。メアリーが机の向こう側に座るや否や、チームのメンバーがこの話し合いに気づきはじめているのが見えました。まずはじめに、遅刻癖について彼女を叱責しましたが、お酒のことに言及すると、彼女は泣き出してしまいます。そして、最近月曜日の朝に、継息子を町の反対側にあるセラピーに送っていること、その後彼を学校に送ってから、朝礼に間に合うように会社に着くのは不可能であることを話してくれます。また、これらはプライベートな家族の話なので、あなたに話しにくかったということです。

まず、つながる

　まさに今が、共感やつながりが必要となるタイミングです。メアリーとは毎日一緒に働いているのに、あなたはさっきまで彼女に継息子がいることも知りませんでした。メアリーのことをもっと知る必要があることは明らかです。ランチの約束をして、仕事とプライベートが両立できるようなスケジュールを、メアリーと一緒に考えることにします。

共に解決方法を探す

　2人で話し合い、朝礼が月曜の9時に行われることが重要なのではなく、メアリーが朝礼に参加することが大事であるという結論に至りました。そこで、チームのメンバーを集め、メアリーの継息子のセラピーがある日には、朝礼の開始時間を12時か15時にずらすか、全員が参加できないときはオンラインで参加するようにできないか、話し合うことにします。

役職に伴う権威を抑え、事実にこだわる

　他のメンバーが見ている中、メアリーを個室に呼んでしまうのは、権力の行使や懲罰のように感じられてしまうかもしれません。次回からは、話し合う際には相手の許可を仰ぎ、プライバシーが守られるような部屋で、対面ではなく隣に座って話をするようにします。起きた事実について共有し、非難ではなく共感を示すことで、あなたは大切なことを知らなかったという恥ずかしい思いをすることもなく、メアリーに事情を説明する機会を与えてあげられることにもなります。たとえば、こんな言い方で口火を切ってみるとよいでしょう。「メアリー、ここ何週間か朝礼に遅れてきているね。君の到着を待って開始時間が遅れてしまったり、君のチームの状況がわからなくなって、全体にも影響が出てしまっている。私は君をサポートするためにいるのだから、何があったか教えてもらえるかな？」

三角関係のドラマ

　レストランの閉店準備をしていると、ソルがキッチンから顔を出し、「お疲れさまでした。そう言えば、あなたが先週出したスケジュール、マックが気に入らないようでしたよ。サムはフロア調整役のシフトを2つももらっているのに、マックは受付のシフトばかりだと」。ソルによると、マックはあなたが最悪のマネジャーだとまで言っていたそうです。

三角関係を壊す

　このとき、そうしたことはあなたに直接話すように、マックに言ったかどうか、ソルに確かめます。たとえば「ちょっと聞きたいんだけど、そのことを直接私に言いに来るように、マックに言ってくれたかい？」などと聞いてみましょう。もし、ソルがそのような提案をしていない場合は、次にマックからそのようなフィードバックがあった場合には、自分と直接話をするように言ってもらいたいと伝えます。そして、あなたが大切にしている方針を率直に伝えるようにします。「チームのメンバーとは直接話し合うのが大切だと思っている。私がいないところでスケジュールについて話し合っても、私はどうすることもできないし、本人のためにもならないと思う」といった具合に。

　もし、ソルから、マックはあなたに直接話をするのを怖がっていたということを聞いた場合は、マックとあなたの話し合いに、第三者のコーチとしてソルに立ち会ってもらうこともできるかもしれません。いずれにせよ、ソルには、そうしたフィードバックを伝えてくれたことへの感謝と、マックと直接話をするつもりであることを伝えます。同時に、ソルにとって都合が悪くなるようなことはしないし、マックとはお互いにとって良い働き方を模索できるよう、彼を理解する話し合いをすることも伝えておきます。

批判や決めつけをしない

　あなたはマックに、スケジュールについて2人で話し合う時間を取りたいと

伝えます。話し合いの際には、彼が不満を感じていると聞いたと伝えるところから始めます。そして、あなたのスケジュールの決め方で、彼がどんな影響を受けたのか詳しく聞かせてほしいと伝えます。マックの意見を聞いた後は、共に解決方法を考えるようにします。最後に、次からは困ったことがあれば、直接話に来てほしいことを伝えて、会話を終えます。

ソルの解決策

　三角関係の３人目となったソルも、板挟みになって居心地の悪い思いをせずに済むための方法があります。最初にマックがスケジュールの件で怒っていることをソルに伝えてきたとき、「この件について、マネジャーはどう言っているの？　もう話し合っている？」と言うこともできたでしょう。まだ話し合っていないのであれば、話し合うことで解決するかもしれないと伝えればよいのです。

　もし、マックがこの三角関係を続けようとするなら、ただ不満を吐き出しているだけなのか、それともソルに対して何か行動を期待しているのか、どちらなのかを確認します。前者だとしたら、マックの愚痴を聞いてあげた上で、そうした話はマネジャーに直接したほうがよいと伝え、話の内容は口外しないようにすればよいでしょう。もし、マックがソルに動いてほしいのなら、具体的にどんなことを期待しているのか聞いてみます。マックに代わってマネジャーに伝えることはやんわりと断りつつ、マネジャーへの働きかけ方について、彼にコーチングをしてあげることもできるでしょう。

より良いチームへと導く

　これまでにも、チーム内で陰口や三角関係のようなものを経験したことがあるなら、より大きな問題を抱えている可能性があります。そうした振る舞いがチームの中で頻発していたら、今が対応すべきタイミングかもしれません。その場合、5章のCONNECTを活用して、チーム内で対話を実践し、これまでの習慣を打ち破ってみましょう。

第 10 章

想像してみましょう

　本書ではここまで、誰もが経験したことのあるストーリーを共有したり、裏付けのある研究結果をもとに考えを深めてみたり、フィードバックに関する考えを磨いたり、強化したり、まとめたりしてきました。そこには、読者の皆さんが良い仕事を成し遂げ、より良い自分になることにつながればという思いがありました。また、このムーブメントの必要性や、その背景にある科学的根拠についても紹介し、新しいフィードバックを提唱していく上で、実効性のある方法やモデルについても提案してきました。この新たなフィードバックは、私たちが輝き、自らを向上させ、成長することを支援してくれるものであり、これまでの間違った考えや実践によって生み出される、痛みや怒りを減らすものでなければなりません。そして、シーカー(求める人)やレシーバー(受け取る人)、エクステンダー (提供する人) として、それをどうやって実践していったらよいのか、そのためのヒントや方法、モデル、ガイドラインも紹介しました。しかしながら、これだけのことを共有してもなお、告白すべきことがあります。それは、この問題はもっと大きなものだということ。つまり、誰か一人の変化だけでは、解決できないということです。

　ここで一度、今日のフィードバックにおける現実や理想を脇に置いて、想像してみましょう。私たちが共にフィードバックに力を注いだとしたら、どんな効果があるでしょうか。ポジティブなつながりにあふれた職場環境をつくり出すことに、皆の力が注がれているとしたら、どんな結果が生まれるでしょうか。

フィードバックが至るところで行われ、シーカー、レシーバー、エクステンダーとしての行動が当たり前になっているカルチャーをつくり出すことができたら。自らを偽ることなく、自分らしくいてもよいのだと感じられたり、理想の自分になるために成長する必要があることをオープンにできる世界を想像してみましょう。恐れを手放し、人から差し伸べられる支援の手を受け入れることができる世界を。いつも未来に向かって、エネルギーと時間が費やされ、取り組んでいける世界を。さあ、想像してみましょう。

　そんな世界に行ってみたいと思いませんか！　皆さんの組織、私たちの組織、すべてのチームがそんな世界に存在できたら、素晴らしいと思いませんか。そして、私たちの人生を豊かにしてくれる人たち、たとえば、がんの治療をする人、新たなエネルギー源を発見する人、病人に寄り添う人、道路を舗装する人、散髪をしてくれる人、ハンバーガーを作る人、新しいアイスクリームの味を開発する人……、こうした人たちの働く場が、そんな世界であればよいと思います。私たちの子どもが社会人になったとき、親の世代がこれから人生を終えていく際にも、そんな世界を経験してほしいと願わずにはいられません。

　その一方で、私たちのクライアントは、従業員のためにフィードバック・カルチャーをつくっていきたいと口をそろえますが、私たちと同じ世界を想像しているかどうか、わからなくなるときがあります。私たちがやろうとしていることは、ただ古い考え方やアプローチを強化するのではないということを理解してくれているのでしょうか？　より細かな評価シートを頻繁に記入させることが、私たちの目的ではないとわかっているのでしょうか？　コントロールや役職、権力を手放す準備はできているのでしょうか？

　そこで、本書を終えるにあたって、フィードバックの新しい定義をもう一度思い出していただきたいと思います。フィードバックの唯一の目的は、他者の成長を支援することだけにあります。このムーブメントは、シーカーが旗を振り、エクステンダーがそれを支え、レシーバーが耳を傾けることで促進され、自然に、違和感なく、インフォーマルな形で、チームや集団の間に広がっていくでしょう。初めは慣れないこともあったり、自信をもてるまで時間がかかることもあるでしょう。簡単な道のりではありません。私たち一人ひとりが、そして皆が共に変化していくことができたとき、初めてこのムーブメントが成功したといえるでしょう。

　最後に、チーム内でフィードバックの力を高め、互いに学び合うために実践できる、簡単な方法を紹介して、本書を終えたいと思います。これらのやり方は、チーム内や同僚同士でフィードバックの機会をつくっていく際の出発点となるでしょう。新しいフィードバックの定義を実践するための素晴らしいやり方です。ぜひ一度試して、状況に合う形に修正しながら、自分たちなりのやり方を生み出してみてください。そうすれば、きっとチームが成長していくことでしょう。

● 毎回ミーティングの終わりに皆で振り返りを行い、良かったことや気になっていることを出し合うようにします。ピープル・ファーム社では、「Bs & Cs (Benefits and Concerns：良かったことと気になること)」と呼んで、実践しています。クライアントの中には「良かったこと、学んだこと、もっとできたこと」と呼んでいるところもあります。もしくは、昔ながらの「プラス／マイナス」と呼んでもよいでしょう。

● チーム・ミーティングでは、数分の時間を取って、感謝の気持ちを伝え合うようにしましょう。誰に感謝を伝えたいか、参加者に発表してもらいます。その際、無理強いせず、小さなことでも共有してもらえるように促してみましょう。

● 同僚同士が気軽にフィードバックを行える機会をつくってみましょう。重苦しいものである必要はありません。シンプルで、簡単なほうがよいでしょう。「フィードバック・フライデー」は、楽しくフィードバックの力を高めていくことができる、良いやり方だと思います。

● タレント・レビュー（人材共有会議）の場に本人を招き、将来の目標や目指す成長のあり方について話してもらいます。ピープル・ファーム社では「本人のいないところで話をしないこと」を大切にしています。メンバーが、自身のキャリアについて直接フィードバックを受け取ることができると、キャリアや成長に対して自分自身が責任をもつことにもつながります。

　紹介したアイデアは、これから行動を始めるにあたって参考にしていただきたいものばかりです。本書に散りばめられている方法と組み合わせて、使ってみていただければと思います。ぜひ頻繁に、かつ重くなり過ぎないように取り組んでみてください。感謝、承認、ポジティブ・フィードバックはたっぷりと。

事実をもとに、わかりやすく具体的に、一口サイズで。すべては未来の成長に向かって行います。その先にはきっと、フィードバックが恐れを生むことのない世界にたどり着くことができるでしょう。

参考資料

第1章

1. Marcus Buckingham, "Most HR Data Is Bad Data," Harvard Business Review, February 9, 2015, https://hbr.org/2015/02/most-hr-data-is-bad-data.

2. Office Vibe, "The Global State of Employee Engagement," https://www.officevibe.com/state-employee-engagement.

第2章

1. Gerry Ledford, "Performance Feedback Culture Drives Business Impact," i4cp, June 21, 2018, https://www.i4cp.com/productivity-blog/performance-feedback-culture-drives-business-impact.

2. Gretchen Spreitzer and Christine Porath, "Creating Sustainable Performance," Harvard Business Review, January-February 2012, https://hbr.org/2012/01/creating-sustainable-performance.

3. Joseph Folkman, "The Best Gift Leaders Can Give: Honest Feedback,"Forbes, December 19, 2013, https://www.forbes.com/sites/joefolkman/2013/12/19/the-best-gift-leaders-can-give-honest-feedback/.

4. Joseph Folkman, "Top Ranked Leaders Know This Secret: Ask for Feedback," Forbes, January 8, 2015, https://www.forbes.com/sites/joefolkman/2015/01/08/top-ranked-leaders-know-this-secret-ask-for-feedback/.

第3章

1. Shirzad Chamine, Positive Intelligence (Austin, TX: Greenleaf Book Group, 2012).

2. Roy Baumeister, Ellen Bratslavsky, Kathleen Vohs, and Catrin Finkenauer, "Bad Is Stronger than Good," Review of General Psychology 5, no. 4 (2001): 323?370.

3. Carol S. Dweck, Mindset: The New Psychology of Success (New York: Ballantine Books, 2008).

4. C. S. Dweck and E. L. Leggett, "A Social-Cognitive Approach to Motivation and Personality," Psychological Review 95, no. 2 (1988): 256?273, https://www.mindsetworks.com/Science/Impact

第5章

1. John Gottman, general study findings, https://www.gottman.com/about/research/.

2. Kyle Benson, "The Magic Relationship Ratio, According to Science," Gottman Institute, October 4, 2017, https://www.gottman.com/blog/the-magic-relationship-ratio-according-science/.

3. Corporate Leadership Council, 2002, "Building the High-Performance Workforce: A Quantitative Analysis of the Effectiveness of Performance Management Strategies. Corporate Executive Board," https://docplayer.net/5496089-Building-the-high-performance-workforce-a-quantitative-analysis-of-the-effectiveness-of-performance-management-strategies.html

4. Ben Yagoda, "The Cognitive Biases Tricking Your Brain," Atlantic, September 2018, https://www.theatlantic.com/magazine/archive/2018/09/cognitive-bias/565775/.

第6章

1. Gerry Ledford, "Performance Feedback Culture Drives Business Impact," i4cp, June 21, 2018, https://www.i4cp.com/productivity-blog/performance-feedback-culture-drives-business-impact

2. 2018 SHRM/Globoforce Employee Recognition Survey, https://go.globoforce.com/rs/862-JIQ-698/images/SHRM2017_GloboforceEmployeeRecognitionReportFinal.pdf

第7章

1. Sonja Lyubomirsky, Kristin Layous, Joseph Chancellor, and S. Katherine Nelson, "Thinking About Rumination: The Scholarly Contributions and Intellectual Legacy of Susan Nolen-Hoeksema," Annual Review of Clinical Psychology 11 (March 2015): 1?22, https://doi.org/10.1146/annurev-clinpsy-032814-112733

第8章

1. Jack Zenger, "The Vital Role of Positive Feedback as a Leadership Strength,"Forbes, Jul 5, 2017, https://www.forbes.com/sites/jackzenger/2017/07/05/the-vital-role-of-positive-feedback-as-a-leadership-strength

2. Elizabeth Marsh, Lisa Fazio, and Anna Goswick, "Memorial Consequences of Testing School-Aged Children," August 15, 2013, https://www.ncbi.nlm.nih.gov/pmc/articles/PMC3700528/.

3. Amy Edmondson, "Psychological Safety and Learning Behavior in Work Teams," Administrative Science Quarterly 44, no. 2 (1999): 350?383, https://doi.org/10.2307/2666999

4. Corporate Leadership Council, "Building the High-Performance Workforce."

5. "Who Created the IAT?" http://www.understandingprejudice.org/iat/faq.htm

謝辞

　「何かを成し遂げるには、たくさんの人の力が必要だ」といいますが、本書を書き上げるにあたって、「多くの仲間」の力が必要でした。ここに記載した方々からの支援がなくては、この本を書き上げることはできなかったことと思います。

書籍制作の仲間

　ジェニー・クラーク：私たち、そしてこのプロジェクトを信じて支えてくれたことに感謝します。膨大な仕事、アーティストや著者とのやりとりを同時に、しかも明るく楽しい雰囲気で進めてくれる素晴らしい能力のおかげで、今回の出版を可能にしただけでなく、その過程を楽しむことができました。

　ジェフ・モージャー：編集者、思考のパートナーであり、いつも率直な意見をくれる人です。前著の制作時同様、彼の多大な支援、献身、忍耐がなければ、ここまでの書籍をつくり上げることはできませんでした。いつも真実を語り、伴走し続ける能力は、彼の才能ともいえるでしょう。また、いつも私たちのエネルギーの源泉となってくれていることにも感謝しています。彼がいてくれて、私たちは本当に幸せ者です。

　トッド・ヴィシャン：ピープル・ファーム社の「人材」担当。そして、一言一言を非常に丁寧に確認し、私たちにインサイトをもたらし、想像もしなかっ

た方向へ導いてくれる、素晴らしい校閲者である彼に感謝します。

　ピープル・ファーム社のコンサルタント・チーム：ビル・ヘファーマン、ビル・ハリソン、ミシェル・ファンファリロ、ロジャー・キャスナーのチームメンバーの皆さん。書籍の内容に対して、的を絞ったフィードバック、コーチング、支援をしてくれたことで、想像以上のものをつくり出すことができました。

アートワークの仲間

　ピープル・ファーム社のデザイン・チームとなってくれた私たちの家族、アイヴィー・チャンドラー・モージャーとローガン・グレーリッシュに、愛と感謝を捧げたいと思います。アイヴィーは他にも仕事を抱えながら、ローガンはワシントン大学での学業に忙しい中、「簡単なイラストを書いてみてくれない？」というお願いを引き受けてくれました。二人のクリエイティビティのおかげで、こうした書籍にありがちな従来のイメージとは違った、カジュアルな雰囲気をつくり出すことができました。二人のような才能と思いやりにあふれた人の母であり、しかも共に働く機会を得たことを幸せに思います。

ピープル・ファーム社の仲間

　制作の過程を通して、まだ生煮えのアイデアを検証し、私たちを励まし、価値あるフィードバックをくれた、ピープル・ファーム社のすべての仲間にも感謝の意を表したいと思います。まず、時間と労力を割いて素晴らしいサポートをしてくれた、頑固者代表のアラン・ボーガイダに感謝します。いつも私たちを応援し、作品のファンでいてくれたスコット・パーキンスにも感謝したいと思います。また、ジーナ・ナポリが、「CONECT」にもう1つNを足して、正しいスペル「CONNECT」にするよう提案くれたことを、ここで明記しておきたいと思います。

私たちのメンター、そしてヒントをくださった方々

　本書を書き上げるにあたり、セス・ゴーディン氏、今は亡きジュディス・グ
レイザー氏、ダグ・シルスビー氏、ジャック・ゼンガー氏とジョゼフ・ウォー
クマン氏、ジョン・ゴットマン博士、シャザド・チャミン氏の研究や著作には、
非常に多くの影響を受けました。

　世界中のクライアントやパートナーの皆さん。皆さんとのつながりがインス
ピレーションとなり、この作品が生まれることになりました。この本に散りば
められているストーリーは、皆さんのストーリーであり、そうしたストーリー
から多くのことを学ばせていただきました。皆さんのために、皆さんと共に、
取り組ませていただき感謝申し上げます。

率直なフィードバックをくれた方々

　デニス・ハートマン：毎週通っていたオベルト社の本社に向かう車中で、「く
よくよ考えずに、リーダーシップを発揮したら」とアドバイスしてくれました。
私にとってはショッキングな出来事ではありましたが、現在につながる自分の
道を進む決意をするためには、必要なことでした。ータムラ

　ヴィック・モーゼス：二十数年前、キャリアの転換期にいた私に「神様だっ
てUターンを許してくれるはずだ」と言ってくれたことで、自分に合わない仕
事を辞め、自分の強みを十分に生かせる仕事に戻ることができました。彼のフ
ィードバックによって変われたこと、一生忘れません。ーローラ

ベレットコーラー社の仲間

　ニールとベレットコーラー社の素晴らしいチーム。2冊目となるこの本に共
感し、出版してくれたことに感謝します。皆さんは、信頼のおける、素晴らし
いパートナーです。

　丁寧かつ、思いやりのあふれるフィードバックをくれたベレットコーラー社
のバリー、リー、ジョーにも感謝の意を表したいと思います。

そして何より、私たちの家族

　モージャー家（ジェフ、ウィルソン、アイヴィー、アル・チャンドラー）、グレーリッシュ家（ジェフ、エヴァン、ローガン、カムデン、ケヴィン、ケイレブ、リサ・ダウリング）、クラーク家（ジョナサン、ルーク、ミカ）、そして、ヴィシャン家（ミシェル、ルーカス、カーター）。豊かなフィードバックで私たちを支え、励まし、ローラが弱音を吐いたときには、そっとワインを差し出してくれたこと、感謝しています。また、タムラの執筆中、足下に寄り添い支えてくれたペリーとルナにも感謝しています。週末や夜遅くまで仕事をしたり、湖畔に散歩に出かけるのを断ったりしても、許してくれたこと、皆さんのおかげです。この埋め合わせは必ずすることをここに誓います。

　その他、制作にご協力くださった皆さん、そして、リチャード。あなた方から受け取ったインスピレーションに感謝します。リチャード、どうぞ安らかにお眠りください。

著者について

M. タムラ・チャンドラー（左）と
ローラ・ダウリング・グレーリッシュ（右）

M. タムラ・チャンドラー　M. TAMRA CHANDLER

　M. タムラ・チャンドラーは、フォーブズ誌の 2018 年「全米ベスト・マネジメント・コンサルティング会社」にも名を連ねた、ピープル・ファーム社 (PeopleFirm LLC) の創設者兼 CEO です。米国内でもオピニオン・リーダーとして一目置かれる存在であり、30 年のキャリアにおいて、人や組織が最高のパフォーマンスを生み出すための、最先端かつ効果的な方法を開発することに多くの時間と力を注いできました。また、講演・執筆なども多数こなしています。2016 年には、『How Performance Management Is Killing Performance —and What to Do About It』（邦題：『時代遅れの人事評価制度を刷新する～そのパフォーマンス・マネジメントは価値を生み出していますか？～』、ヒューマンバリュー）を発刊。高い評価を受け、3 カ国語に翻訳されています。

　タムラはピープル・ファーム社を創設する際、ユニークなビジョンを掲げました。それは、「人間中心（ピープル・センタード）のソリューションをもって、測定可能かつ価値のある成果を生み出すこと」というものです。ピープル・ファームはタムラのリーダーシップの下、マイクロソフト社、ノードストロム社、アラスカ航空、ナイキ社、ワールド・ペイ社、クリスティアーナ・ヘルスケア・

システム社、ビル＆メリンダ・ゲイツ財団をはじめとする 125 のクライアントの信頼できるパートナーへと成長を遂げました。ピープル・ファームのアプローチはユニークであり、調査や研究に基づいて、戦略的でありながら気取らない、行動につながるソリューションを、多岐にわたる業界に提供してきました。ピープル・ファームは「人の成長なくして、組織の成功はない」をモットーに、各地域においてもさることながら、全米でも有名なクライアントから高い評価を受けてきました。また、米国太平洋岸北西部において、働きがいのある会社としても評価されています。

　この 30 年間、タムラは希望にあふれるカルチャーを組織につくり、リーダーやチームとビジネス戦略につなげ、ＨＲの仕事をより現代的に変え、パフォーマンス・マネジメントを再考し、組織のモデルを変革するための新たな方法を模索し続けてきました。この間、世界中の組織が従来のパフォーマンス・マネジメントのプログラムを刷新するようになり、その支援をしてきた傍ら、フィードバックの場面で起こるジレンマや、人のパフォーマンスに対するその影響について、研究・探求することにも注力してきました。

　タムラは、これまでも、これからも、夫であるジェフ、成人した子ども達であるアイヴィーとウィルソン、タムラの父アル、従順で血統付きの雑種ペリーとルナから多くの気づきとサポートを受けています。

ローラ・ダウリング・グレーリッシュ　LAURA DOWLING GREALISH

　ピープル・ファーム社のシニア・コンサルタント兼エグゼクティブ・コーチ。個人や組織がより成長する環境、ハイパフォーマンス・チーム、現代的なパフォーマンス・マネジメント、より効率的な組織、個別のニーズに沿った学習・開発プログラムを生み出すための法則や科学的根拠を学び、クライアントの支援に 20 年間従事してきました。

　ＧＥキャピタル社、ジェンワース・ファイナンシャル社、クリーヴランド・クリニック、ラッセル・インベストメント社などを経て、現職にてタムラとパートナーを組むに至っています。さまざまな業界、人間に関する多様な領域からインサイトを得て、「職人のマインドセット」をもっています。

訳者紹介

株式会社ヒューマンバリュー　佐野シヴァリエ有香

米国ミシガン州立北ミシガン大学政治学部、英国立マンチェスター大学国際開発学部修士課程修了。2年間の在外公館派遣員を経て、人が働くことや組織が存在する意味に関心をもち、株式会社ヒューマンバリューに入社。

働く人々がその人らしく周囲と関わり、チームや仲間とともに価値を生み出していくプロセス支援に取り組んでいる。クライアント企業の取り組みに対する支援に加え、社内における採用活動を通じた「互いの成長を支え合うカルチャーづくり」にも、仲間とともに取り組み、社内外での実践に力を入れている。

また、研究活動や出版事業にも携わり、直接関わることがなくても、想いをもって組織や個人の変革に取り組んでいる方々に、ヒューマンバリューが大切にしている哲学や知見を生かしていただけることを願っている。

M. タムラ・チャンドラーの代表作

『時代遅れの人事評価制度を刷新する
　～そのパフォーマンス・マネジメントは価値を生み出していますか？～』
（原題：How Performance Management Is Killing Performance
　　　　— and What to Do About It: Rethink, Redesign, Reboot）

　パフォーマンス・マネジメントというと、メンバー、マネジャー、人事など、誰もが恐れを感じる、年一回の評価のことを思い浮かべる人が多いでしょう。従来の評価制度は、画一的で、恐れをかき立てるような、トップダウンのアプローチであり、人のモチベーションを高めることにはつながらない、むしろ皆が避けたくなってしまうようなものでした。タムラ・チャンドラーは、そうした評価のあり方に異議を唱え、より効果的な方法を提案しています。

　チャンドラーのパフォーマンス・マネジメント革新のアプローチは、モチベーションに関する最新の研究結果に基づき、従業員を起点として、徹底的に透明性が担保されるよう設計されています。それは、競争よりもコラボレーションを促し、気まぐれに決めた目標の達成ではなく、新たなスキルを獲得したり、より貢献できたことに対して報酬を与えるアプローチでもあります。本書では、効果的なパフォーマンス・マネジメントの3つの目的である、人の成長、報酬の公平性、組織のパフォーマンス向上を実現するプロセスをつくるためのステップについて、順を追って解説しています。

書籍情報

・著者：タムラ・チャンドラー
・監修：阿諏訪博一
・翻訳：株式会社ヒューマンバリュー
・定価：3,080 円（本体 2,800 円＋税 10%）
・規格：変形キク版　312 ページ

フィードバックの真価
― 職場に信頼を生み出し、共に成長する

2021 年 11 月 1 日　初版第 1 刷発行

著　　者…… タムラ・チャンドラー
　　　　　　ローラ・ダウリング・グレーリッシュ

訳　　者…… 株式会社ヒューマンバリュー　佐野シヴァリエ有香

発 行 者…… 兼清俊光

発　　行…… 株式会社 ヒューマンバリュー
　　　　　　〒102-0082 東京都千代田区一番町 18 番地 川喜多メモリアルビル 3 階
　　　　　　TEL：03-5276-2888（代）　FAX：03-5276-2826
　　　　　　https://www.humanvalue.co.jp/wwd/publishing/books/

スタッフ…… 川口大輔、市村絵里、齋藤啓子、神宮利恵

翻訳協力…… 御宮知香織

装　　丁…… 株式会社志岐デザイン事務所　小山巧

イラスト…… Ivy Mosier and Logan Grealish

制作・校正…… 株式会社ヒューマンバリュー

印刷製本…… シナノ印刷株式会社

落丁本・乱丁本はお取り替えいたします。
ISBN 978-4-9911599-2-3

ヒューマンバリューの出版への思い

株式会社ヒューマンバリューは、人・組織・社会によりそいながら、より良い社会を実現するための研究活動、人や企業文化の変革支援を行っています。その事業の一環として、組織変革・人材開発の潮流をリサーチする中で出会ったすばらしい理論・方法論のうち、まだ日本で紹介されていない重要なものを書籍として提供することにしました。

翻訳にあたっては、著者の意向をできるだけ尊重し、意味のずれがないように原文をそのまま活かし、原語を残す形でまとめています。

今後新しい本が出た場合に情報が必要な方は、
下記宛にメールアドレスをお知らせください。
book@humanvalue.co.jp